W0210313

GABI BERGER

Sagenhaft geheimnisvolle Geschichten aus der Steiermark

Digital illustriert von
Paul Mangold

Leykam

Digitale Illustration: Paul Mangold, Graz
Foto Gabi Berger: R. M. Schuster, Wien

Gesamtherstellung Leykam Buchverlag
ISBN 3-7011-7315-X

INHALT

DAS GEHEIMNIS DES SCHLOSSES

Nahe St. Marein liegt es, das schmucke Schloss Prankh. Jeder, der dieses Schloss, es von außen betrachtend umwandert, bewundert es.
Und doch birgt es ein schlimmes Geheimnis, das sich dem Fremden jedoch erst beim Betreten des Schlosses offenbart. Durch eine gewaltige Mauer sind da drei Bauten voneinander getrennt.
Einst lebten hier zwei Brüder, der eine stolzer als der andere. Nicht zu Unrecht waren sie das. Hatten sich doch beide Ritter von Prankh verdient gemacht um das schöne Land, ihrer beider Heimat.
Doch keiner wollte dem anderen auch nur ums Geringste nachstehen. Jeder von beiden wollte den anderen übertrumpfen. So wuchs der gegenseitige Hass.
Eines Tages wurde das gemeinsame Leben in dem Schloss unerträglich. Daher gaben die Brüder den Auftrag, das Gebäude durch eine Mauer streng zu trennen. Wollten sie doch einander niemals mehr im Leben begegnen, konnten das Gesicht des anderen, seine Stimme, seinen Mut nicht mehr ertragen.
So geschah es. Verbittert lebte jeder der beiden in seinem Teil des Schlosses. Kein Wort wechselten die beiden zu Lebzeiten mehr.

Eines Abends dann fühlte der eine der Brüder den Tod näher kommen. Zur gleichen Zeit verspürte auch der andere die Nähe Gottes.
Und beide starben zugleich, ohne einander jemals wieder gesehen zu haben.
Betreten standen die Angehörigen des einen der Familie des anderen gegenüber. Als Zeichen des Himmels sahen sie die gemeinsame Todesstunde der Brüder und reichten einander die Hände zur Versöhnung.
Die Mauer jedoch wollte niemand von ihnen jemals niederreißen. Ein Mahnmal sollte sie bleiben für die Unversöhnlichkeit von Menschen, die nur nach Macht streben.

VOM WUNDER IM RABENWALD

Man schrieb das Jahr 1740, als ein Bauer im Rabenwald verzweifelt nach seinen Schafen suchte. Auf dem Weg von Anger war er gewesen in Richtung zur Spielstätte. Da hatte er seine kleine Herde aus den Augen verloren.
Doch was entdeckte er da, überwachsen von wildem Efeu und Moospolstern? Das Bild der heiligen Maria, das so lange verloren gewesen schien.
Das Bild, das an die Geschichte eines Töpfergesellen erinnerte. Der hatte einst im Markt Anger bescheiden und ärmlich gelebt, bis er eines Tages völlig erblindete. Wohl gaben ihm die Menschen Almosen, arbeiten aber konnte er nicht mehr.
Als ihn dann auch noch ein schrecklicher Aussatz befiel, wollte keiner der Bauern ihn mehr in der Nähe seines Hofes sehen. Zu groß war die

Angst vor der Krankheit. Da flüchtete sich der Töpfer in den nahen Wald, verirrte sich, hatte weder Brot noch Wasser bei sich. Vor Erschöpfung schlief er ein. Jedoch nicht, ohne vorher zur heiligen Maria gebetet und sie um Hilfe angefleht zu haben.
Am anderen Morgen erwachte er, geweckt vom leisen Gluckern einer Quelle.
Glücklich trank er von dem klaren, kühlen Wasser, schlief abermals erschöpft ein. Noch im Einschlafen murmelte er ein Dankgebet.
Als er endlich wieder erwachte, wusch er seinen Körper im Quellwasser, badete seine schmerzenden Augen. Denn eine Stimme in ihm sagte ihm, das Wasser werde ihn wieder gesund machen.
Und wirklich. Wieder und wieder war der Töpfergeselle bei der Quelle gewesen, hatte von Mal zu Mal eine Besserung des Aussatzes verspürt, sah langsam wieder Schatten, dann Umrisse, schließlich erkannte er die Dinge um sich. Glücklich über die Besserung, versprach er, an dieser Stelle ein Bild der Jungfrau aufstellen zu lassen, wenn er wieder arbeiten könne.
Bald schon sah er vollkommen klar, arbeitete fleißiger denn je, sparte jeden Groschen. Und erfüllte sein Gelübde.
Lange Jahre hing das Bild an seinem Platz auf der mächtigen Buche neben dem Grünbründl. Bis es der Sturm zu Boden riss, forttrug bis Maierhof. Doch es dauerte nur einen Tag, da hing das Bild wieder an seinem alten Platz.
Die Jahre vergingen, das Bild fiel irgendwann einmal unbeachtet ins Gras. Dort wartete es auf Entdeckung.
Ob wohl des Bauern Schafe klüger gewesen waren, als die Menschen? Das wird wohl nie jemand erfahren.

DER KARFUNKELSTEIN

Nahe Judenburg lebte zur Zeit Karl des Großen ein junger, rechtschaffener Mann namens Gerold. Bescheiden fristete er mit seiner Mutter sein Dasein. Von den Früchten des kleinen Ackers, den Gerold mit viel Fleiß und Liebe pflegte, lebten sie.
Eines Tages, als er eben die harte Erde aufhackte, um sie fruchtbar zu machen für die neue Saat, blendete ihn ein Stein.
Ein Stein besonderer Art war es, den er gefunden hatte. Denn des Nachts leuchtete er voller Glanz, brach sich in vielen leuchtenden Strahlen. Dem Burschen gefiel der Stein, doch ahnte er nichts von seinem unglaublichen Wert.
Erst der nächste Morgen verschaffte ihm Klarheit. Denn einem reichen, jüdischen Juwelier im nahen Judenburg bot er den Stein zum Verkauf an. Der kluge Mann, der sich mit Steinen wohl auskannte, wollte sich den Fund um jeden Preis zu Eigen machen.
Da wurde der Bursche misstrauisch, nahm den Stein an sich und beschloss, ihn nur einem Mann zu schenken – Kaiser Karl dem Großen. Ihn sollte das wertvolle Stück für immer beschützen.
Also machte er sich auf den Weg zum kaiserlichen Heerlager und erreichte es unbeschadet. Das war ein wahres Wunder, denn die Awaren zogen ebenfalls gegen Sachsen.
Dem Kaiser war jeder starke Mann in seinem Heer willkommen und so nahm er Gerold in seine Dienste. Die Schlacht tobte einen Tag lang

hin und her, jedoch es fiel keine Entscheidung. Und so brach die finstere Nacht herein. An die Kraft seines Steines glaubend, befestigte Gerold den kostbaren Stein an seinem Helm.
Geblendet von den leuchtenden, schillernden Strahlen des Steines, wich der Feind zurück. Denn dieses riesige Auge, das schillerte wie kaltes Feuer, mutete angsterregend an. Die Schlacht war gewonnen.
Voll Freude über die Klugheit seines Kriegers, voll Dankbarkeit über das Geschenk, das Gerold nun seinem Kaiser machte, schlug dieser den Burschen zum Ritter. Zum Dank für seine Tapferkeit gab er Gerold das Lehen Liechtenstein nahe Judenburg.
Frieden kehrte wiederum ein, Gerold machte sich auf den Heimweg. Dort nahm er sein Lehen in Besitz. Bald entstand die Burg Liechtenstein mit großem Glanz und bot fröhlichen Menschen Heimat. Denn selten hatte es einen gerechteren Herrn als Gerold von Liechtenstein gegeben.

UND DAHINTER EIN FLAMMENMEER

Spät war es geworden in der Schänke. Getrunken und gelacht hatte der Schwarz-Bauer mit seinen Freunden. Hatte dem Schnaps recht willig zugesprochen.
Gegen Mitternacht erst machte er sich auf zu seinem Hof in Wallhütten. Endlos lang erschien ihm der Weg. Doch der Vollmond warf helles Licht auf den Weg. So fand der Schwarz recht gut heim.
Doch was erwartete ihn da auf dem Pfeiler neben seinem Hoftor? Eine schwarze Katze saß zusammengekauert hoch ober dem Schwarz. Erschien es ihm nur so, als wäre sie auf dem Sprung, bereit ihn anzufallen? Wütend bückte er sich nach einem Stock, den er gegen das pfauchende Tier richtete.
Doch je öfter er den Stock gegen das Tier erhob, desto mehr wuchs und wuchs die Katze, wurde immer größer und größer, richtete jedes einzelne Haar ihres dichten kohlschwarzen Felles auf dem Rücken hoch, schlug wütend mit dem Schweif. Mit glühenden Augen beobachtete das Tier den Mann, hinderte ihn lautlos drohend daran, das Tor zu öffnen.
Laut schreiend, Urlaute von sich gebend, blickte das Tier dann zum Haus. Der Schwarzer folgte dem Blick. Sein Hof brannte lichterloh, verglüht waren die mächtigen Holzbalken, aus denen das schmucke Haus gebaut gewesen war.
Die schwarze Katze saß friedlich auf dem Pfosten, betrachtete zufrieden den endlich einsichtig gewordenen Mann.
„Sollst deinen Platz behalten. Hast mir ja schließlich das Leben gerettet", sagte der Bauer, kniete nieder, und dankte für seine Rettung. Die schwarze Katze aber verließ den Hof des Mannes nie wieder.

KORN FÜR DIE ARMEN

Mannshoch, achteckig mit einem aus rohem Stein gehauenen Kelch steht der Steinerne Metzen auf dem Hauptplatz von Feldbach. Von allen Seiten sichtbar, erinnert er die Feldbacher an den Getreidehandel, der einst hier betrieben wurde.
Gute Geschäfte waren es, die die Feldbacher mit dem Metzen machten. Denn allen ortsansässigen Käufern stand ein wohl einmaliges Recht zu. Jedes Korn, das aus der steinernen Schüssel rieselte, gehörte ihnen. Die Größe der Löcher, die in den Stein gehauen sind, zeugt von der Höhe der Maut, die die ungarischen Verkäufer auf diese Weise bezahlen mussten.
Einstmals geschah es. Eine Hungersnot, die ihresgleichen selten jemals wieder finden sollte, brach in Feldbach aus. Die Ärmsten der Armen wussten nicht, woher sie nur ein Stück Brot nehmen sollten.
Ein gerechtes, gutherziges Urteil fällte da der Stadtrat. Die Körner, die dem Metzen entflossen, sollten den Armen gehören. Ihnen sollte zuerst geholfen werden in ihrer schrecklichen Not.
Begeistert waren die Hungernden. Doch weniger glücklich schien das Urteil den wandernden ungarischen Händlern. Gar mancher brach in böse Wutanfälle aus. Nichts konnte den Stadtrat jedoch von seinem gefällten Entschluss abbringen.
Einen hölzernen Esel ließen die Ratsherren anfertigen. Aber nicht die Armen sollten hier verhöhnt, verspottet werden. Die tobenden Händler setzte man verkehrt darauf, machte sie zum Gespött der Leute.
Den Esel findet der Spaziergänger, der durchs Stadttor zum Hauptplatz geht, nicht mehr. Der Steinerne Metzen jedoch hielt allem Unbill stand. Wie vielen Menschen er wohl damals das Leben gerettet haben mag?

DIE PESTTAUBE

Das Abendglöcklein läutete eben zum Ave Maria, als die Bewohner von Wagendorf auf dem Weg zur Kirche waren. Doch da mussten sie in Blitzesschnelle zur Seite weichen, denn ein riesiges Wagenrad lief durch den Ort, obwohl weit und breit kein Wagen zu entdecken war. Auch keine Menschenseele war zu finden, die sich vielleicht einen bösen Scherz erlauben hätte können.
Ängstlich knieten die Menschen entlang des Weges nieder, beteten, begaben sich wieder in ihre Häuser. Schrecken hatte sich verbreitet. Was bedeutete das böse Vorzeichen? Welche Gefahr drohte dem Dorf?
Am frühen Morgen ging die Karglbäuerin hinaus in den Hof. Die Tauben wollte sie füttern. Da sah sie eine weiße Taube auf dem Kobel sitzen. Die war doch schon am Vortag mit einer zweiten da gewesen! Kaum wendete die Frau ihre Augen ab, brach sie tot zusammen. Das hatte ihre Tochter gesehen, lief herbei, blickte kurz auf, sah die Taube und starb im gleichen Augenblick.
Entsetzt flüchtete der Karglbauer im gleichen Jahr, 1634, aus dem Dorf. Denn dort hatte das große Sterben eingesetzt. Die Pest wütete, mehr als fünfhundert Menschen starben.
Vor seiner Flucht schlug er einen Keil in die Mauern seines Hofes. Wollte er doch später wiederkehren, seinen Hof wieder für sich in Anspruch nehmen.
Und er kam wieder, zog den Keil aus der Wand. Fiel zu Boden und starb. Der giftige Atem der Pest hatte ihn getroffen.

Doch sollte er nicht das letzte Opfer der Seuche sein. Denn dreißig Jahre später wollten die Dorfbewohner die Holzhäuser reinigen. Da stieg aus den Spalten und Ritzen abermals der tödliche Nebel auf. Die Pest erkämpfte sich erneut das Leben vieler Menschen. Gesättigt von all den Opfern verdichtete sich ihr böser Hauch schließlich zu einer Wolke, die das Dorf endgültig verließ. Gegen Gersdorf soll das weiße Wölkchen geschwebt sein...

DER PLONAUER

„Frau, wach auf!" Schweißgebadet war der Bauersmann erwacht. Hatte ihm doch von einem Geldtopf geträumt! Einem Geldtopf, der seiner Armut ein Ende setzen sollte. Und den sollte er unter der Redlbrücke nahe Liezen finden....
Noch vor Tagesanbruch verließ der Bauer die Plonau. Bald hatte er die Brücke erreicht, hatte sein Ziel nahe vor Augen. Also begann er mit seinem Spaten zu graben. Aber völlig ergebnislos war seine Mühe. Plötzlich bemerkte er einen Fremden, der ihn vom Brückengeländer aus beobachtete. „Da arbeite ich seit Stunden, weil mir ein Traum einen Schatz verspricht, und nichts, aber auch gar nichts ist zu finden," stöhnte der Bauer erschöpft. „Was soll's!", lachte der Fremde. „Mir träumte, ein Geldtopf sei im Herd des Plonauers versteckt, seit Tagen suche ich den Plonauer, doch auch ich wandere umsonst." Der Bauersmann aus der Plonau wollte dem Fremden mit einem Lächeln für den guten Rat danken. Doch dieser war nicht mehr zu sehen.
Seine Müdigkeit spürte der Bauer aus der Plonau nun keine Sekunde länger. In Windeseile legte er den Heimweg zurück. Die verdutzten Blicke seiner Frau schien er gar nicht erst zu bemerken. Schon riss er den alten Herd Ziegel für Ziegel ab. Auch die Schelte der Frau trafen

sein Ohr nicht. Er schlug verbissen Stein für Stein aus dem Gemäuer. Schließlich hob er mit einem Jubelschrei den Topf hoch.
Den Topf, schwer gefüllt mit Goldstücken. „Nun kannst du einen neuen Herd bauen lassen, Frau“, lachte er. „Einen, den noch unsere Enkel und Urenkel bewundern werden.“
Und weil der Plonauer so schlau und umsichtig mit seinem Geld umging, lebte er zufrieden mit seiner Familie. Seinen Kindern und Kindeskindern riet er stets: „Hört immer auf eure Träume, dann findet ihr den richtigen Weg.“

BLINDE AUGEN WERDEN SEHEND

Völlig erblindet war sie, die reiche Markgräfin von Mähren, die einst in Pöllau lebte. Oft, wenn sie mit ihrer Dienerin das warme Licht der Sonne auf ihrer Haut genoss, ließ sie ihren Gedanken freien Lauf. Einmal nur wollte sie die schöne Gegend, die sie roch und spürte, aus Erzählungen kannte, mit eigenen Augen sehen. Es kam ein Tag, an dem sie sich den Einwänden ihrer Dienerin entgegenstellte. Nicht den üblichen Weg wollte sie bei einem Spaziergang nehmen. Nein, die Höhe des Pöllauberges wollte sie erreichen. Die Stelle finden, an der sie eine Kirche bauen wollte, sollten ihre Augen noch einmal Kraft bekommen, zu sehen.
Trotz ihres hohen Alters schaffte die Gräfin mit Hilfe ihrer Dienerin den schweren Aufstieg bis zum Gipfel. Brach dort erschöpft zusammen, verlor das Bewusstsein. Angsterfüllt kniete die Dienerin neben ihr, meinte, die Herrin an den Tod verloren zu haben.

Lange lag die Markgräfin regungslos, die Augen geschlossen. Doch von einer Sekunde zur anderen öffnete sie die Augen, schrie auf, geblendet vom hellen Sonnenlicht, rief: „Ich kann sehen!"
Wirklich, die letzten Strahlen der Sonne tauchten die Ortschaft Pöllau in besonders schöne Farben. Auf den Knien versprach die edle Frau, der Heiligen Jungfrau an dieser Stelle, hoch über dem Tal, eine Kirche erbauen zu lassen.
Und bald war die prächtige Wallfahrtskirche vollendet, die Marienstatue mit dem Kind ein Ziel der Pilger. So manches Wunder vermeldeten sie nach ihrem Besuch auf dem Pöllauberg.

DIE GEISTER DER RÖMER

Seltsam wölben sich die Hügelgräber der Römer draußen auf dem Leibnitzer Feld. So lange die Bewohner der Gegend denken konnten, hatten sie diese Hügel gekannt.
Aus dem Türkenkrieg zog einst ein Bursche heim zu Mutter und Schwester. Doch nicht reich war er geworden, wie er gehofft hatte. Obwohl er dies der Mutter versprochen hatte.
Müde, traurig und unentschlossen hockte er sich auf einem der Hügel nieder. Da stand wie aus dem Erdboden emporgewachsen ein alter Mann vor ihm. Gehüllt in eine weiße Toga, den Gürtel um die Mitte geschlungen, das Haar in kurzen Locken.
Freundlich bedeutete er dem Burschen, ihm zu folgen. Der Geheimnisvolle zog den jungen Mann unendlich an. Er sollte nicht enttäuscht werden. Denn mit einem Male öffnete sich einer der Hügel, eine lange Tafel war zu sehen. Auf den rundum stehenden Bänken lagerten Männer in weißen Togen, tranken schweren, roten Wein, tafelten und waren vergnügt.

Stumm stand der Bursche da, verfolgte die Worte der Männer. Sprachen sie nicht so, wie der Pfarrer bei seiner Predigt? Lateinisch müsste das sein. Diese Sprache war dem Burschen fremd. Ein einziges Wort nur konnte er: „Vivat!" Dieses rief er fröhlich, als ihm die Männer einen Becher Wein zu trinken gaben. Freudige Gesichter strahlten ihn da an, die Männer sprangen auf, stopften ihm die Taschen des Jankers und der Hose mit Geld voll, füllten seinen Beutel.
Still war es um den Burschen, als er auf dem Hügel aufwachte. Sich die Augen reibend, bedauerte er es, wach geworden zu sein. Doch ein Griff in die Taschen überzeugte ihn, dass er nicht geträumt hatte. Nein, die Taschen war wohl gefüllt mit goldenen Sesterzen.
Welche Freude wohl die Mutter mit der Gabe der Römergeister haben würde!
Und wie zufrieden sie mit der Tochter und ihm nun weiterleben konnte. Voll Freude schritt der Bursche zügig heim. Die Sesterzen verkaufte er, und bescheidener Wohlstand war ihm sein Leben lang sicher.

DIE SALZQUELLE

Der Sandling mit seinen dichten Wäldern und seinem Wildreichtum verlockte einst einen Jäger zu einem Streifzug. In der Hoffnung, reichlich Wild zu erlegen, brach er in den frühen Morgenstunden zur Pirsch auf.
Leise knackte es unter seinen vorsichtigen Tritten. Der Jäger schlich von Lichtung zu Lichtung. Doch nicht ein einziges Tier zeigte sich. Der Wald schien wie ausgestorben. Unheimlich war die Stille, dem Jäger unfassbar. Ein Stück tiefer in den Wald hinein wollte er noch.
Da erspähte er eine Quelle, um die sich Gemsen scharten. Froh, doch noch Jagdglück zu haben, erlegte der Jäger eines der Tiere. Die anderen flohen. der Jägersmann kniete neben seiner Jagdbeute nieder, weidete das Tier aus. Bevor er es jedoch schulterte, wollte er sich an der Quelle erfrischen. Zuerst benetzte er sein brennendes Gesicht. Doch wie erstaunt war er, als die Haut noch stärker prickelte. Einen Becher formte er mit seinen Händen. Aus dem wollte er trinken. Kaum hatte er den ersten Schluck genommen, brannte seine Kehle wie Feuer. Salzwasser sprudelte aus der Quelle.
Nun erst hob der Jäger seine Beute auf, kehrte zurück nach Bad Aussee. Überall erzählte er von seiner Entdeckung. Und bald schon fanden die Menschen den größten Schatz, den die Gegend zu bieten hat. Das Salzbergwerk sollte von diesem Tag Wohlstand ins Land bringen.

RETTENDE SCHAUFELN

Friedlich schmiegten sich die Gehöfte von Altenmarkt an die satten Wiesen des Tales. Voll Freude bestellten die Bauern ihre Felder, buken und kochten die Frauen. Nichts konnte das Leben der Menschen im Tal der Mur erschüttern.

Doch eines Tages brach das Unglück über die Gegend ein. Ein schreckliches Gewitter kündigte sich am Himmel an. Pechschwarze Wolken brauten sich zusammen. Blitze durchbrachen die Wolkendecke. Der Donner grollte drohend durchs Tal. Eiligst rannten die Anwohner in ihre Häuser, schlossen die Fenster. Die Bauern brachten ihr Vieh in den sicheren Stall.

Aber der Himmel kannte keine Gnade. Regen ergoss sich in wüsten Strömen, der Fluss trat über die Ufer, überschwemmte die satten Wiesen und Felder. Schotter, Sand und Steine verwandelten Altenmarkt in eine wüste, leere Landschaft. Denn die meisten Häuser hielten dem Unwetter nicht stand.

Doch die Menschen gaben nicht auf. Mit großen Schaufeln bepackt, zogen sie durch den Ort, hielten fest zusammen, gruben Haus für Haus aus. Befreiten Felder und Wiesen von den schweren Felsbrocken, dem nassen Sand.
Auch den Namen ihres Ortes änderten die Anrainer zur Erinnerung an das schreckliche Ereignis. Als die Wiesen wieder grün wurden, hieß Altenmarkt bereits „Scheifling".

EIN SCHIMMEL IN EIS UND SCHNEE

Mächtig überschaut er das Ennstal, der furchige, zackige Grimming. Lädt zum Schauen ein, zum Bleiben. Einen gibt es, der ist für immer droben in den Felswänden geblieben.
Ein stolzer Ritter aus fremden Landen zog eines Tages die Enns entlang. Prahlte mit seinen Siegen, betrachtete verächtlich das Bauernvolk, das eifrig arbeitete. Sein größter Stolz war der weiße Schimmel, der ihn von Ort zu Ort trug. Fünf Knechte mussten das Pferd versorgen, striegeln, füttern, seine Hufe pflegen. Niemals schlief der Ritter in einer Kammer. Stets hatte er sein Lager neben dem Tier.
Eines Morgens erreichte der Ritter den Grimming. Sah den Berg und kannte plötzlich nur noch ein Ziel. Den Berg wollte er bezwingen. Hoch zu Ross wollte er hinauf auf die höchsten Spitzen des Grimmings.

Keine noch so gut gemeinte Warnung der Menschen im Tal nahm er an. Er schüttelte verächtlich den Kopf, klopfte die Flanken des Schimmels und sprach: „Wartet ab, schon morgen werde ich auf euch hinabsehen..."
Mit einem Satz sprang er in den Sattel, gab dem Tier die Sporen und begann seinen mörderischen Ritt den Berg hinauf. Willig folgte das Pferd den Befehlen seines Herrn, übersprang Bäche, überstieg Felsen, überquerte die schmalsten Stege.
Nicht einen einzigen Blick hatte der Ritter für den Himmel über ihm. Und so überraschte der Schnee Reiter und Pferd hoch oben in einer Felswand. „Der Teufel mag mich holen, wenn ich umkehre", schrie der Stolze. Da fuhr ein greller Schein über den Grimming, Eisschloten prasselten gegen den Stein, ließen Pferd und Reiter erstarren.
Im Tal bekreuzigte sich das alte Weib mit seiner Buckelkraxen, in der es Holz heimschleppte: „Hat der Berg sich wieder einen geholt. Einen, der den Hochmut besaß, ihn bezwingen zu wollen."
Wenn heute ein Wanderer vor dem Grimming steht, hinaufsieht und den Berg bewundert, kann er den Schimmel hoch oben erkennen. Vom Ritter fehlt jede Spur. Den mag wohl der Teufel mit sich zur Hölle genommen haben.

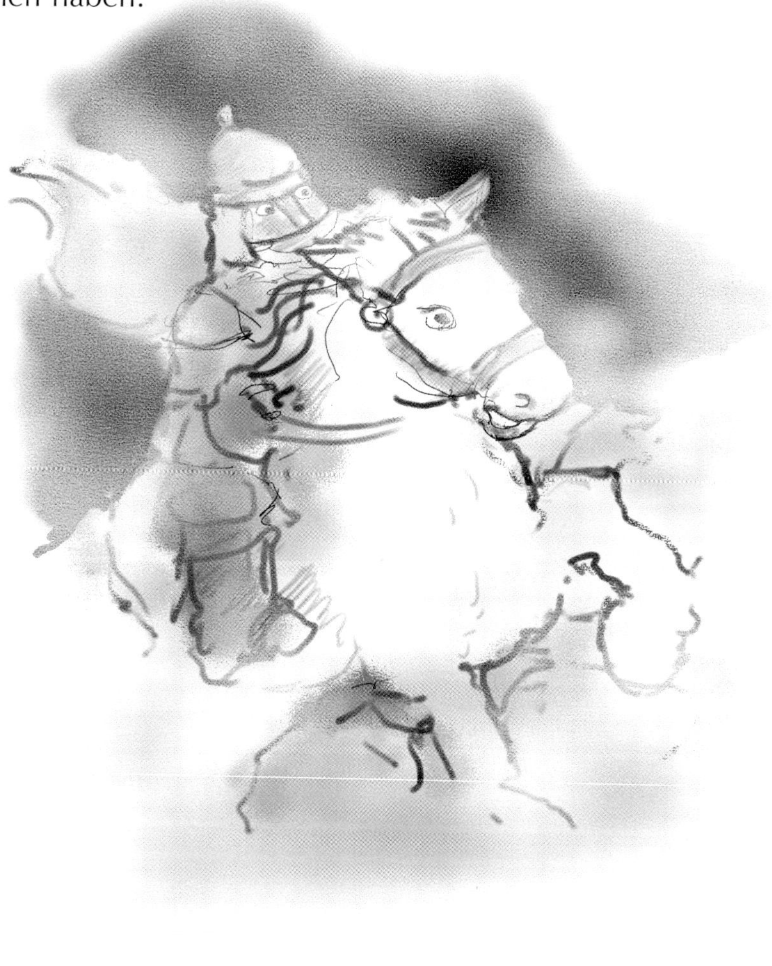

DER SCHLANGENKÖNIG

Gerne arbeiteten die Holzknechte, die Schwaigerinnen, Halterbuben auf der Ursprungsalm. Aber es kam ein Sommer, in dem die Angst in ihnen groß wurde und wuchs. Denn die Schlangen hatten von der Alm Besitz ergriffen. „Höckwürmer überall", erzählten die Männer und Frauen, die die Alm fluchtartig verlassen hatten. „Kaum geht man ein paar Schritte, schon steigt man auf eines der Tiere, von dem man nie weiß, ob sein Biss tödlich ist oder nicht."

Angst und Verzweiflung machten sich auf der Alm breit. Bis eines Abends ein Männchen fröhlich pfeifend über die Alm wanderte, bei der ersten Sennhütte Rast machte. So winzig das Männchen war, so groß waren seine Worte: „Wartet nur, bald werde ich euch von der Plage befreit haben. Keine einzige Schlange wird mehr zu sehen sein auf der Ursprungsalm."

Der Morgen kam mit klarem Wetter. Steil in den Himmel stieg die Flamme des Feuers, das der winzige Mann entzündet hatte. Prasselnd fielen die Scheite, die Glut gloste, immer höher wuchs die Flamme. Rund um die Feuergarben tanzte das Männchen, leise vor sich hin murmelnd.

Aus all ihren Verstecken wanden sich große, kleine, kräftige, schillernde Schlangen hervor. Krochen eilig über die Hänge, züngelten mit dem Feuer um die Wette.
Eine nach der anderen bäumte sich vor dem Feuerplatz auf, stürzte sich kopfüber in die prasselnden, rauchenden Flammen.
Ebenso plötzlich, wie die Schlangen aufgetaucht waren, erschien auf dem Gipfel der Kalkspitze ein riesiger, schneeweiß glänzender Wurm, zischelte bösartig, bewegte sich auf den kleinen Mann zu. Bleich vor Angst, zitternd vor Furcht, fiel dieser tot um.
„Wäre er nicht gestorben, der Schlangenkönig hätte ihn zerrissen", flüsterte eine Sennerin. Denn niemand anders konnte es gewesen sein, der da wutentbrannt die Bergwand herabgeglitten kam. Sich aufstellte, sah, dass er zu spät gekommen war, mit einem fürchterlichen Zischlaut zurückglitt auf die Bergspitze und schleunigst die nach verbranntem Schlangenfleisch stinkende Feuerstelle hinter sich lassen wollte.
Auf der Ursprungsalm wurden nur noch selten Schlangen gesehen. Zu weit hatte sich die Mär von dem schrecklichen Feuer herumgesprochen. Die Sennerinnen, die Hüterbuben lagen friedlich im Gras, wenn ihre Tiere weideten. Brauchten sie doch keine Angst mehr zu haben vor einem tödlichen Biss.

DER SCHUTZGEIST AUF DER HOCHALPE

Vielen Menschen stieß in alten Tagen Unglück zu. Bei schweren Wanderungen über die Hochalpe, hinauf zur Kirche Maria-Schnee, dachte so mancher verzweifelt an Hilfe. Und viele, denen Krankheit übel mitspielte, beteten auf dem Weg von Seckau nach Maria-Schnee um Hilfe.

Betraten diese Menschen eine Lichtung inmitten der schlanken, hohen Fichten, so rieb sich so mancher verwundert die Augen.

Wie Spuk erschien dem einen ein wunderhübsches Mädchen, dem anderen begegnete ein freundlicher junger Mann, der dritte wurde von einem Flöte spielenden Burschen zur Wiese geleitet.

Salben gegen Wunden, Kräuter gegen Krankheit, ein Geschenk für alles Gute, das die Menschen in ihrem Leben getan hatten, bekamen die Hilfe Suchenden. Tröstende Worte fanden sie, Schätze entdeckten sie.

Gesund, zufrieden und fröhlich langten dann die Gläubigen bei der Kirche an.
Fragten sie den Mesner nach dem Erlebten, so lächelte dieser weise. Antwort gab er keine, riet den Menschen, Gott für die Hilfe zu danken, die ihnen widerfahren war.
Bald sprachen sich die Geschichten um den wundersamen Flötenton und die lichten Gestalten in der Umgebung herum. Fest überzeugt waren die Geheilten, dass sich ein Schutzgeist in ihnen versteckt hielt. Versuchte aber einer, Geschenke zu erpressen, und wanderte er voll böser Absicht hinauf auf die Alpe, so nahm er schnell Reißaus. Denn dann trat der Schutzgeist hinterlistig auf den Plan. Drohend, böse Worte schleudernd, vertrieb er die verschlagenen Menschen aus seinem Reich.
Das wird wohl der Grund sein, dass nur noch Menschen mit gutem Herzen die Lichtung im Fichtenwald entdecken können.

DAS ENDE DER SPIELE

Weich ziehen sich die Bergkuppen rund um Hartberg über den Horizont. Einladend und freundlich erscheinen sie. Und sind es auch, für jeden, der den Weg zu ihnen findet.
Lange ist es her, da gab es auf einem der höchsten Berge einen dichten Wald, der eine wunderschöne Villa verborgen hielt. „Die Villa haben die Römer gebaut", erzählten die alten Muhmen in den Dörfern. „Die Villa ist Teufelswerk", schimpften die Frommen. Denn in dem schönen Gemäuer dachte kein Mensch an Gott, an den Glauben. Im Gegenteil.
Sonntag um Sonntag waren es mehr Menschen, die statt des Weges zur Kirche den Weg hinauf zur Villa nahmen. Sorglos und glücklich wurde ihr Gemüt, wenn sie das Tor durchschritten. Das Spiel lockte, das Spiel der Laute, der fröhliche Tanz, das Zechen beim funkelnden Wein, die hübschen, drallen Dirnen mit ihrem kecken Lachen. Wie herrlich lebte es sich hier.
Finster blickten die Frommen hin zum Wäldchen, hoben die Fäuste und schrien: „Mag doch endlich ein Zeichen dem Treiben ein Ende setzen." So sehr hassten sie das Lachen, die Fröhlichkeit, die harmonischen Klänge der Musik.
Doch nichts geschah. Viele, viele Jahre war die Villa Zufluchtsort für jene, die das Lachen suchten.
Eines Sonntags jedoch geschah das Unwahrscheinliche. Wolken verdichteten sich, Blitze zuckten, trafen die prunkvollen Mauern, zerstörten die Instrumente, Menschen fanden ihren Tod. Aber noch war das Werk der Zerstörung nicht völlig beendet. Die Erde spaltete der größte,

hellste Blitz von allen, verschlungen wurden die Steine, die Lauten, die Menschen. Nichts blieb zurück, nichts erinnerte an den Ort der Freude, als sich die Erde wieder schloss.
Unberührt von allem blieb nur der Wald, der Spielewald. Wie oft mag sich ein altes Weib, ein Greis wohl bekreuzigt haben, wenn sein Weg sie durch diesen Wald führte.

EIN WEINGELAGE FÜR GEVATTER TOD

Der Pöllitschberg nahe Radkersburg liegt heute jenseits der Grenze. In fernen Tagen jedoch gehörte der herrlich saftige Weinreben tragende Berg zu den Schönheiten und Reichtümern des Steirischen.
Glücklich genoss der edle Herr zu Pöllitschberg, ein trinkfester Ritter, den köstlichen Traubensaft. Nacht für Nacht feierte er mit Freunden, die Gelage dehnten sich stets bis in den frühen Morgen aus.
Eines Nachts betrat ein seltsamer Gast den Saal. Nicht zum Feiern war er gekommen. Gehüllt in die schwarzen Tücher der Unterwelt, trat er vor den Ritter, mahnte mit spindeldürrem Finger, vom Weine zu lassen. Denn die Stunde seines Todes sei nahe.
Entsetzt verließen die Zecher den Saal, nicht ohne sich vorher zu bekreuzigen.
Dem Schlossherrn aber griff die Nachricht von seinem baldigen Tod so sehr ans Herz, dass er dem Weine abschwor.
Trauriger wurde sein Herz. Schatten senkten sich über sein Gesicht. Vergraben in seine Schwermut, wollte er keinen Menschen mehr sehen, mit keinem seiner Freunde reden.

Eines Tages verfiel er in tiefe Angst. Den Schlüssel zum Weinkeller holte er hervor, wollte noch einmal seine köstlichen Weine riechen, von ihnen kosten.
Und so brach er das Gebot, wurde jedoch unversehens vom Wein belebt, seine Traurigkeit verflog. Feste sollten wieder gefeiert werden. Gesagt, getan. Schon bald erschollen fröhliches Lachen, beschwingte Stimmen vom Pöllitschberg her.
Zum Jahrestag des seltsamen Besuches lud der Ritter den Tod zu einem Umtrunk ein. Erklärte ihm, dass er lieber kürzere, dafür aber schönere Tage auf Erden verleben wolle anstatt dem Trübsinn zu verfallen. Sprach und schenkte dabei dem Tod den Becher voll.
Von Becher zu Becher wurde der Tod geselliger. Bis er schließlich sein einst gegebenes Gebot widerrief. Denn wie sollte er einem den Tod herbeiwünschen, der ihn mit solch edlem Tropfen bekämpfte? Wie konnte er, der Tod, gegen den Lebenswillen des Ritters ankämpfen?
Es war nicht das letzte Fest, das der Ritter gegeben hatte. Noch viele Jahrestage folgten.
Und viele Menschen wunderten sich bis zum heutigen Tage, welche Kraft der edle Wein vom Pöllitschberg ihnen schenken konnte.

PFARRER AGRICOLA

Pilze sammelte sie, zog durch die schöne Landschaft rund um die Riegersburg, die Katharina Lorenzer. Friedlich schien sie den Menschen zu sein, wenn sie um Speis und Trank bat.
Doch hielt sie ihre Augen stets offen, war wach und hatte ein gutes Gedächtnis. Denn man schrieb das Jahr 1673, die Zeit der schlimmsten Verfolgungen von weisen Frauen und Hexen.
Weit war sie schon herumgekommen auf ihren Wanderungen, auch beim Hatzendorfer Kreuz des Öfteren vorübergezogen.
Eines Tages geschah es nun, dass sie vor dem Richter von Riegersburg stand, mit glühenden Augen, angstgeschüttelt von ihrem Erlebnis beim Hatzendorfer Kreuz.
Den Pfarrer Agricola habe sie gesehen, zur mitternächtlichen Stunde. Fröhlich tafelnd mit den Weiberleuten der Umgebung, singend, grölend, dem Wein unmäßig zusprechend. Doch nicht so friedlich war die Szene geblieben. Kaum hätte er sie, die Katharina, erblickt, seien die wüsten Folterungen geschehen. Die Meute der Frauen habe ihr das Gesicht zerkratzt, ihren Körper geschunden.
Also wolle sie Anzeige erstatten gegen den Pfarrer, gegen die Frauen. Rache müsse geübt werden an dem scheinheiligen Mann.

Welche Welle von Hass löste die Katharina mit dieser Anzeige aus! Denn noch am selben Tag wurden sämtliche Beschuldigten gefangen genommen, vom Ortsgericht Riegersburg nach Feldbach überstellt. Schreckliche Befragungen folgten. Und immer größer wurde der Kreis der Beschuldigten. Wusste doch eine der Beschuldigten, die Martha Peurin, einen weiteren bekannten Namen zu nennen. Den des Ritters von Stang, Jacob Kropf.
Ums Wettermachen, den bösen Feind, der Zeichen gab, ums Verderben der Weingärten ging es, während die Angeklagten auf dem Folterstuhl saßen.
Wer nicht den Folgen der argen Folterungen erlag, wurde hingerichtet. Nur Pfarrer Agricola wurde in geistlichen Gewahrsam genommen. Aber nicht besser erging es ihm als den anderen. Denn Beschuldigungen tauchten auf, die den kranken Mann noch siecher werden ließen.
Bevor es dem Pfarrer an den Kragen gehen sollte, er der Folter ausgeliefert werden musste, starb er.
Nicht ohne vorher den Pakt mit dem Teufel gestanden zu haben. Die Wahrheit jedoch sollte niemals jemand erfahren, die nahm Agricola mit ins ewige Leben.

TANZ MIT DEM TEUFEL!

Eine wunderschöne Sennhütte war es, hoch oben auf der Salzaalm. Bewirtschaftet von einer hübschen Sennerin, deren Sinn stets nach Vergnügungen stand.
So wurde sie oft von Burschen und Mädchen besucht, die gerne an einem Tanzvergnügen teilnahmen. Gespielt, gesungen, getanzt und gelacht wurde dann, dass es weithin zu hören war.
Bis in die Morgenstunden ging das wilde Treiben. Erschöpft saßen die Mädchen auf den Bänken, erfrischten sich an einem Trunk. Die Sennerin aber tanzte, tanzte, holte einen Burschen nach dem anderen auf die roh gezimmerten Bretter.
Schließlich war keinem von ihnen mehr nach Tanzen zu Mute. „Tanzen will ich und wenn es mit dem Teufel wär. Nur einen Tanz noch!"
Krachend öffnete sich die Tür der Almhütte, ein fremder Jäger betrat die Stube. Nahm die Mundharmonika an sich, begann zu spielen. Mit der freien Hand umfing er die Sennerin, drehte und wirbelte sie über die freie Tanzfläche. Stampfend, lachend, johlend vor Vergnügen hielt die Sennerin eine Weile mit. Dann aber fühlte sie sich immer schwächer werden, ließ sich willenlos über den Tanzboden schleifen. Aufjauchzend stampfte der Fremde erneut auf. Sein Pferdefuß wurde sichtbar. Für alle, die dem wilden Tanz zugesehen hatten.

Verstört flüchteten sie aus der Hütte, holten den alten Einsiedler, der in einer nahen Höhle hauste. Ruhig betrat der Fromme die Almhütte, hielt dem Tänzer das Kreuz entgegen, betete leise murmelnd.
Da fuhr der Teufel hoch, krachte mit seinem Pferdefuß auf die Bretter und raste hinaus, auf und davon.
Die sterbende Sennerin fiel zu Boden, neben ihrem Gesicht war der Abdruck des Pferdefußes klar und deutlich zu erkennen. Ein Fluch war damit auf die Almhütte gefallen. Denn schon bald zerstörte ein schreckliches Unwetter das Gebäude.
Lichterloh brannte es, kein noch so kleines Restchen Holz ward je gefunden.

DER GRÜNE MANN

Ein großes, grünes Auge schillert aus dem Almboden der Pacheralm bei Rottenmann. An besonders klaren Tagen blitzen tausende kleine, goldene Lichtreflexe auf, springen übermütig über den glatten See.
Kamen in früheren Tagen die Hirten und Sennerinnen auf die Pacheralm, so blickten sie zuerst auf den grünen See. Trieben dann das Vieh zum Trinken ans Ufer. Während sie aber rasteten, suchten ihre Augen schon die Felsen ab. Denn sobald die Dämmerung über den See streifte, erschien er. Er, der schöne, grüne Mann mit dem dichten Moosbart, das Gesicht bedeckt von der breiten Krempe seines großen, dunkelgrünen Hutes.
Eine der Schwaigerinnen, die erst kurz in der Gemeinde Lorenzen lebte, hatte noch nie vom grünen Mann gehört. Als sie in der Abenddämmerung zum See kam, um sich zu erfrischen, erblickte sie ihn.

Wie prächtig der Mann aussah, wie scharf sich sein Profil vom dunklen Himmel abzeichnete. Ihr Herz schlug höher, sie verliebte sich in den Mann oben auf dem Felsen. Für einen Jäger hielt sie ihn, einen, der noch keine Unterkunft für die Nacht gefunden hatte.
Kokett und überaus freundlich lud sie ihn in ihre Almhütte ein. Lächelnd erhob sich der Mann, groß, breitschultrig ging er auf sie zu. Ein eigenartiges Frösteln durchfuhr die Schwaigerin. Doch dachte sie, dass die Nähe des Sees daran schuld sei.
In der Hütte angekommen, schüttelte sie sich bereits vor Kälte, Frost kroch durch ihre Glieder. Da erst bemerkte sie, von wem diese eisige Strömung ausging. „Ein Wassermann", durchfuhr es sie. „Richtig, du hast richtig gedacht", sprach der Mann. „Du wolltest mich besitzen, nun bist du mein Eigentum."
Dann umschlang er die Sennerin mit seinen nassen, eiskalten Händen. Hob sie hoch, trug sie zum grünen See. Angst ließ die Frau steif werden, sie rührte sich nicht, gab keinen Laut von sich. Die Macht des Wassermanns hatte von ihr Besitz ergriffen.
Beim See angekommen, sprach der schöne, grüne Mann leise: „Von heute an sollst du mit mir in meinem Reich leben", tauchte mit der Sennerin unter und wurde nie wieder an seinem alten Platz gesehen.

DIE HOCHMÜTIGE SCHWAIGERIN

Grüne, saftige Weiden bedecken heute die Grebenzen. Weiden, die zum Schauen verlocken, die herrliches Futter für das Vieh bieten.
Einst aber war die Grebenzen überzogen vom klaren See, dessen eiskaltes Wasser den Himmel spiegelte. Kühe und Schafe hatten hier ihre Tränke und wurden von den Schwaigerinnen zum Ufer des Sees gebracht.
Eine von ihnen, die Josefa, war sicher die schönste und schmuckste von allen. Kam ein Jäger vorüber, so konnte er sich an dem wunderschönen Mädchen nicht satt sehen. Nicht nur einer von ihnen verliebte sich in das gleichmäßige Gesicht mit den großen, grünblau schillernden Augen. Die Zöpfe, aus dem widerspenstigen Haar geflochten, hingen lang bis zur Schürze ihres Kleides. Immer stahlen sich ein paar vorwitzige rote Kräusel aus dem straff nach hinten gekämmten Haar. Wie oft das Mädchen täglich den See als Spiegel benutzte, konnte keine der Schwaigerinnen zählen. Obwohl die Josefa genau wusste, dass sie an Schönheit alle übertraf, sie musste und wollte es immer wieder bestätigt sehen.

Gar mancher Bursche aus dem Tal stieg hinauf zur Grebenzen, einen Buschen ans Wams geschnürt, ein Herz voll Liebe in den Händen. Doch jeden von ihnen verlachte Josefa. Verspottete ihn, bis er verzweifelt zurücklief ins Tal und sich nie mehr blicken ließ. Josefa aber wollte nur den schönsten und besten der Burschen erhören.
„Sie ist hochmütig!“ „Sie hat den Teufel im Leib, er möge sie bestrafen!“ So fluchten die Mütter der Burschen dem Mädchen.
Und es geschah tatsächlich, dass der Teufel sich für Josefa zu interessieren begann. Er legte ein weiches, grünes Wams aus feinstem Leder an, rote Hosen, einen wundervollen Hut mit einer roten Feder. Dann zog er los in die Grebenzen. Weil auch er geblendet war von dem schönen Mädchen, wollte er sie nicht gleich bestrafen. Vielleicht, so dachte er, könnte es ihm mehr nützen, gar manche arme Seele ins Unglück zu stürzen.
So sprach er zur Schwaigerin: „Die Mütter all der Burschen, die ihr Leben dir verschrieben haben, verfluchten dich. Lass dich warnen, brich nicht noch einem das Herz.“ Josefa hörte kaum den Sinn die Worte. Zu gebannt starrte sie auf den schmucken Jäger.
Der Teufel konnte ihre Gedanken lesen, versuchte seine Warnung noch eindringlicher auszusprechen: „Vergiss deinen Hochmut! Und wage es nicht, mir nachzusehen, wenn ich jetzt gehe. Du wirst zu Stein erstarren, der See wird austrocknen, das lass dir gesagt sein.“
Josefa war erstaunt über den Burschen, der nicht sofort ihrer Schönheit verfallen war. Der nicht einmal bemerkte, wie sehr er ihr gefiel. Als er tatsächlich den Hut zog, einen artigen Diener machte und hinter ihrem Rücken verschwand, konnte sie nicht anders.
Sie musste ihm nachsehen, sie wollte ihn für sich gewinnen. Langsam drehte sie sich um. Ebenso langsam fühlte sie eine bleierne Schwere in ihren Beinen. Nicht lange und sie war zu Stein erstarrt. Sollte von nun an ewig dem schönen Burschen nachsehen. Dem einzigen, der ihr widerstanden hatte. Ein schreckliches Zischen und Brodeln schwoll an, das Wasser des Sees dampfte in riesigen Schwaden zum Himmel empor.
„Die Tränen unserer Söhne waren es, die zum Himmel gezogen sind“, sprachen die alten Frauen und bekreuzigten sich. Waren sie sich doch sicher, dass Josefas Verschwinden nur mit dem Teufel zu tun haben konnte.
Doch so manchem der Burschen fiel augenblicklich Josefas schönes Gesicht ein, wenn er am Felsen auf der Grebenzen vorüberging. Seltsames Gekicher war dann für wenige Augenblicke zu hören. „Die Josefa wird für immer in unseren Köpfen bleiben“, dachten sie dann, wenn sie weiterwanderten.

DER HÜTER VOR DEM HÖLLENTOR

Gar arge Sorgen hatte ein Bauerspaar aus Admont mit seinem einzigen Sohn.
Dessen größtes Vergnügen war es, die Tiere zu quälen. So war auch die Viehherde des Nachbarn, der ihn als Halter auf seine Alm schickte, nie vor dem wilden Burschen sicher.
Bis eines Tages ein Männlein vor ihm stand. Mit seinem grünen Janker, seiner prächtigen Hahnenfeder auf dem Spitzhütlein erweckte es die Neugier des jungen Mannes. Und so folgte er ihm bis zu einer finsteren, unheimlichen Höhle. Tief im Wald war diese, versteckt vor den Augen der Menschen. Weit, weit in den dunklen Schlund führte das Männlein den Halter. Vor einem rot glühenden, eisernen Tor drohte es dem Burschen: „Sieben Jahre sollst du hier stehen. Mit keinem Menschen darfst du sprechen. Obwohl du viele Bekannte durch das Tor der Hölle gehen sehen wirst."
Verängstigt befolgte der Bursche seinen Auftrag. Betrachtete mit schreckgeweiteten Augen bekannte Gesichter, für die sich das Tor öffnete. Sieben volle Jahre lang wuchs sein Entsetzen. Sein Schweigen aber hielt er ein.

Voll Freude folgte er nach Ablauf seines Dienstes dem grünen Männlein. Zurück auf seiner Alm, brach er sein Schweigen. Erzählte von all den Bekannten, die er hinter dem Höllentor verschwinden hatte sehen. Beschrieb die Verstorbenen, nannte Namen. Und viele von diesen Namen gehörten einem Angehörigen des einen oder anderen Adelsgeschlechts.
Verstört über seine Erzählungen, wutentbrannt über die Anschuldigungen, bezichtigten ihn die Menschen der Lüge.
Wer so viel Frevel aussprach, dem musste Schweigen geboten werden. Wer keine Angst vor der Wahrheit hatte, der durfte nicht weiter sprechen. Statt endlich ein freies Leben führen zu dürfen, musste der Bursche für den Rest seines Lebens in den Kerker. Ewige Stille wurde ihm auferlegt. Denn nur ein Lügner konnte von angesehenen Menschen so sprechen.

WIE DER MANN IM MOND ZU SEINEM GESICHT KAM...

...war wohl eine der seltsamsten Geschichten, die sich je im Steirischen zugetragen hatten.

In einer Ortschaft, einer Gegend, von der niemand den Namen nennen darf, lebte einst ein böser, habgieriger Schustermeister. Der betrog die Menschen, bestahl sie, rechnete Wucherpreise für schlechte Ware. Jahrelang trieb er sein Spiel. Bis er eines Tages für alle seine schlechten Taten bestraft werden sollte.

Er erwachte mit glühend heißem, rot brennendem Gesicht. Die Hölle selbst hatte sein Gesicht gezeichnet, es verwandelt in ein einziges feuriges Mal.

Bald zeigten die Menschen mit Fingern auf ihn, verspotteten ihn. Wollte er Kühlung im Wasser des Baches finden, so verdampfte das Wasser zischend unter seinem Gesicht. Stellte er sich in den strömenden Regen und hielt seinen Kopf gegen den Himmel gerichtet, so erwärmte sich der Regen. Nichts, aber auch gar nichts konnte ihm Kühlung bringen.

„Ich weiß wohl, was dich kühlen kann, komm mit, komm mit", so hörte er in einer seiner schlaflosen Nächte ein Flüstern neben seinem Bett. Er drehte sich zur Seite. Da stand eine wunderschöne Gestalt, das Gesicht von flammend rotem Haar umgeben.

„Das muss eine Hexe sein", dachte der Mann.
„Hast erkannt, wer ich bin?", fragte sie. „Du kannst gerettet werden, wenn du mir folgst. Ich bringe dich zum Hexenmeister. Zu dem, der sogar im Stande ist, die absonderlichsten Krankheiten zu heilen."
„Was soll's", sagte der Mann, gelobte aber insgeheim, für immer ehrlich und gut zu sein, sollte der Hexenmeister ihn von seinem glühenden Gesicht erlösen.
In seinen weiten Mantel hüllte der Hexenmeister den geplagten Mann,

flog weit hinauf in den Himmel mit ihm. Bis hinauf zum kühlen, eisigen Gestein des Mondes. „Drück dein Gesicht auf den Stein, er wird dir Heilung geben." Der Mann presste die Stirn, die Wangen, die Nase, die geschlossenen Augen und das Kinn an die sanfte Wölbung des Mondes.
Als er am Morgen erwachte, fühlte sich sein Gesicht kühl an. Der Spiegelscherben warf das Bild von heller Haut zurück. Dankbar befolgte der Mann nun seinen Schwur, lebte fortan redlich, behandelte die Menschen gut und bestahl nie wieder einen Kunden.
Sein Gesicht aber hat er dem Mond geschenkt. Damit es die Menschen für immer zu Rechtschaffenheit und Ehrlichkeit auffordern möge...

EIN EINFACHER MANN

Schlicht sah er aus, der Hans Glaser. Wanderte gerne hinauf auf den Schöckl, blickte ins Land. Sammelte auf seinem Heimweg Pilze, verkaufte sie den Bauern, schuf sich so einen Lebensunterhalt.
Doch nicht die Pilze waren es, die ihn auf den Gipfel des Schöckl lockten. Viele Geschichten, die man sich im Jahr 1659 erzählte, zogen ihn magisch an.
Von fliegenden Frauen mit wehenden Haaren, die auf Ofengabeln, Bratspießen, Bäumen durch die Luft zum Schöckl flogen, sprachen die Menschen hinter vorgehaltener Hand. Denn dort oben sollte es sein, wo die Hexen ihre wilden Feste feierten, den Teufel und den Mond anbeteten.
Eines Tages ging Hans wieder hinauf auf den Berg. Verschwand für etliche Tage. Verwirrt und seltsam glücklich kehrte er zurück. Und die misstrauischen Bauern bekamen Angst, zeigten ihn an.
Was Hans Glaser den Richtern erzählte, übertraf alles, was die Neugierigen bisher gehört hatten. Von einem Wagen, dessen Räder rohe Eier waren, die Speichen Strohhalme gar und der dennoch ein volles großes Fass Wein trug. Noch schlimmer kam es. Er selbst sei auf seiner eigenen Ofengabel mitgeflogen. Nicht einmal der Folter bedurfte der Richter: Freiwillig erzählte Hans, dass er ein Koch bereitet hatte, aus Wasser und Mehl. Damit brauchte er die Ofengabel nur einzureiben, den Teufel anzurufen: „Hiermit will ich fahren!", schon trug das nützliche Gerät ihn hin zum Hexensabbat.
Ob er ein Aufschneider war, der gerne einmal wichtig sein wollte, wird niemand je erfahren. Und ob der Hexensabbat dort oben auf dem Schöckl wirklich regelmäßig stattfand, weiß auch bis heute niemand sicher.

EIN ACKER VOLLER STEINE

In Hohentauern war es gar schwer, die Äcker zu bebauen. Doch fleißig taten die Bauern und Bäuerinnen ihre Arbeit. Nicht jede Pflanze wollte gedeihen.
Einer der Bauern war nicht eben der frömmste. Keine Sonntagsmesse besuchte er, stets blieb er der Kirche fern. Eines Sonntags gar begann er Linsen zu säen. So mancher der Gläubigen blieb neben ihm stehen. Ermahnte den Ackersmann mit seiner Arbeit aufzuhören, lieber in der Kirche um die Hilfe Gottes zu beten.
Keinem von ihnen schenkte der Mann sein Ohr, unbeirrt säte er weiter. Dem Letzten schrie er nach: „In die Kirche geht nur, wer es nötig hat. Ich gehöre hierher, auf meinen Acker." Ruhig drehte sich der so Geschmähte um: „Frevel ist es, was aus deinem Mund kommt." „Deswegen werde ich trotzdem eine gute Ernte haben. Selbst wenn es Steine werden sollten, die hier gedeihen", lachte der Bauer höhnisch. Das Jahr reifte, auf dem Acker aber fand sich kein einziges noch so winziges Linsenpflänzchen. So fleißig der Bauer auch umackerte, Unkraut jähte, keine Pflanze war zu entdecken.
Stattdessen aber häuften sich linsengroße Steinchen in großen Mengen auf dem Acker. Je näher die Zeit der Ernte rückte, desto größer wurde ihre Zahl.
Fluchend, Gott erneut schmähend, kniete der Bauer auf seinem Acker, brach in seinem Zorn ein Steinchen nach dem anderen entzwei. Seltsam, in jedem war ein winziges, schwarzes Kreuz zu sehen.
Den Acker mag der Wanderer wohl finden, wenn er Hohentauern besucht. Steinchen sollen dort immer noch in der Erde liegen...

EI, DER TEUFEL !

Einst wollte der Teufel der Sennerin am Kochofen einen bösen Streich spielen.
Schon lange war er ihr böse gesinnt. Fromm und brav schaffte die Sennerin jede Arbeit, betreute das Vieh, kümmerte sich um jeden verirrten Wanderer. Niemals vergaß sie auf das Sonntagsgebet. Das konnte dem Teufel natürlich gar nicht gefallen.
In den späten Abendstunden wanderte der Teufel durch den Wald, bis hinauf zu den satten, grünen Triften. Der Mond begleitete ihn, die Füchse nahmen jaulend Reißaus. Zu unheimlich klang der Schritt des Höllenfürsten in ihren feinen Ohren. Der Luchs versteckte sich hoch oben auf einem Felsen und beobachtete den teuflischen Wanderer.
Der aber hatte nur eines im Sinn. Die Sennerin musste noch heute Nacht dem Teufel gehören. Bei der Hütte angekommen, klopfte er leise ans Fenster.
Gleich kam Maria zur Tür, bat den Wanderer zu Tisch. Arglos und freundlich stellte sie den Krug mit dem süßen Rahm, das duftende Brot und den würzigen Steirer Kas vor des Teufels Platz.
Ebenso freundlich lobte der Gast die Sennerin. Wie schön die Hütte, wie sauber der Tisch, wie köstlich das Abendmahl wäre. Und bot ihr schließlich an, den Kühen noch saftigere Triften zu schenken. Solche, die die Milch sämiger und fetter machen würden. Alles, was sie, Maria, tun müsste, wäre, ihre Seele dem Teufel zu versprechen.
Mit erschrockenen Augen, zitternden Händen und fliegender Stimme begann Maria zu beten. Da fuhr der Teufel von seinem Sitz hoch, raste zur Tür hinaus, verfolgt von den frommen Worten.

Genau in der Sekunde, in der er zu den Felsen kam, sprang der Luchs von seinem Beobachtungsplatz. Glühende Augen trafen des Teufels Augen. Er strauchelte, blieb mit seinem Teufelsfuß im Felsen hängen, fiel und fuhr mit einem bösen Fluch den Almboden hinunter.
Der Teufel ist nie wiedergekommen in den Kochofen. Doch heute noch ist der Abdruck des Pferdefußes im Felsen zu sehen. Und wer ihn findet, spreche ein frommes Wort für die tapfere Maria ...

DAS TEUFELSLOCH

„Was schert uns die Christmette, feiern wollen wir und das ausgiebigst", so dröhnte die Stimme des alten Müllers. Zu weit war ihm der Weg zur Kirche in Pinggau. Zu ungastlich das eisige Winterwetter, der eisige Sturm, der sich brüllend im alten Gemäuer der Mühle in Lafnitzdorf fing. Ebenso dachten seine Gesellen.
Den warmen Kamin zogen sie der dunklen Nacht vor, den guten Wein der Predigt des Priesters.
Die Karten flogen über den Tisch, die Geldstücke klirrten und klimperten in den Hosentaschen. Wieder und wieder ertönte ein freudiger Jauchzer, mit dem einer der Burschen einen Gewinn einsteckte.
Da fiel einem der Männer ein Geldstück zu Boden. Er bückte sich danach, schrie entsetzt auf, sprang auf die Bank. Weigerte sich, sich wieder zu setzen. Zeigte nur zitternd und sprachlos unter den Tisch.
Die anderen wagten einen Blick, erbleichten und spürten eine schreckliche Kälte in ihren Gliedern. Nur einer, der Mutigste unter ihnen, rannte wie vom Bösen gehetzt zur Tür, riss sie auf und lief Richtung Pinggau.

Den Pfarrer wollte er holen, denn der riesige schwarze Hund unter dem Tisch konnte nur der Leibhaftige sein. Dessen war er sich sicher. Krachend warf inzwischen der Sturm die Tür der Stube wieder zu. Reglos standen die Männer auf den Bänken und beteten um ihr Leben. Wild knurrend lag das mächtige Tier auf dem Boden, fletschte seine Zähne, gab drohende Laute von sich.
Endlich öffnete sich die Tür, der Pfarrer stand da, hielt das Allerheiligste in den Raum und segnete ihn und die Menschen.
Da fuhr das Tier mit einem grauenhaften Jaulen hoch, sprang gegen das alte Gemäuer, durchbrach es. Die Steine splitterten, ein mächtiges Loch und bestialischer Gestank blieben zurück.
Der Teufel hatte das Weite gesucht.
So sehr sich der Müller und seine Gesellen auch plagten, das Loch in der Mauer konnte keiner von ihnen schließen. Es blieb für immer sichtbar. Bald verließ der Müller das Haus, niemand wollte die Teufelsmühle mehr bewohnen. Und so stand sie leer. Den Weg an der Mühle vorüber wollte kein Mensch mehr so recht benützen, keinesfalls aber des Nachts. Denn ein schreckliches Knurren ertönte, sobald sich jemand der Mühle näherte.
Dem Spuk setzte der Abriss des Gebäudes ein Ende. Doch erst im Jahr 1959 war es so weit, dass die Anrainer es wagten, die Mühle zu schleifen…

DER TEUFELSSTEIN

Mächtig ist die Kraft des Erzengels Luzifer, mächtig seine Herrschaft über die Hölle. Übermächtig aber war sein Wunsch, von Gott in den Himmel aufgenommen zu werden. Jahrtausende als Teufel sein Unwesen zu treiben, genügte Luzifer nicht mehr. So versuchte er Gott zu überreden.
„Gut", sprach dieser. „Wenn du in der Heiligen Christnacht einen Turm erbaust, der von der Erde bis zum Himmel reicht, nehme ich dich im Himmel auf. Doch du darfst nicht länger brauchen, als der Pfarrer zum Erheben des Kelches. Beim zweiten Glockenschlag muss der Turm stehen."
Listig und schlau, wie Luzifer war, dachte er an die Fischbacher Alpe. Dort oben fanden sich Steine, mit denen er den Bau des Turmes schnell vollenden konnte. Also ging er auf den Vorschlag Gottes ein.
Am Abend der Christnacht stieg er von Birkfeld aus hinauf auf die Alpe. Ein Traggestell baute er sich, drei riesige Felsbrocken wählte er zum Bau seines Turmes in den Himmel.
Mit seiner ganzen Teufelskraft begann er beim ersten Glockenschlag mit seinem Werk.

Hob die Felsen spielend leicht auf, legte sie auf das Gestell. Das Gestell hochzuheben war ein Werk von Sekunden, noch hatte der Teufel genügend Zeit. Doch da krachte das wuchtige Holz unter der Last der Felsen zusammen, die Glocke erschallte. Wutschnaubend ließ der Teufel die Steine auf der Alpe liegen, fuhr fluchend hinunter in sein ewiges Reich.
Noch heute versperren die Teufelssteine dem Wanderer den Weg. Doch nicht den Weg in den Himmel wie einst dem Erzengel Luzifer.

DER HÖLLENTHORWARTL

Schön war er der Sepp, ein kräftiges, gerade gewachsenes Mannsbild, nach dem sich die Frauen gerne umdrehten. Seine blonden Haare versteckte er unter dem Hut, den ein prachtvoller Gämsbart und ein nach vorn gekehrter Schildhahnstoß zierte. Das zeigte allen, was dem Holzfäller das Wichtigste im Leben war. Das Raufen, das Kräftemessen war es, wonach der Sepp trachtete. Stets war er der Erste, der im Gasthaus zu Mitterbach einen Raufhandel begann. Jedem wollte er seine Stärke, seinen Mut und seine Kraft beweisen.
Zu Christi Himmelfahrt nun machten sich seine Freunde auf den Weg zur Wallfahrt nach Mariazell. Da ließ sich der Sepp nicht lumpen, er begleitete die Freunde. Doch nicht beten wollte er im Wallfahrtsort, nein, neues Publikum, mutige Kampfespartner meinte er zu finden.
Aber keiner der Männer in Mariazell war bereit, zu Christi Himmelfahrt einen Streit zu beginnen, ein Kräftemessen zu veranstalten. Missmutig wurde der Sepp, mürrisch kehrte er um, wanderte zurück nach Mitterbach. Stieß Steine in hohem Bogen über den Weg, rief immer wieder nach Raufpartnern. Niemand hörte ihn.

Auch im gewohnten Gasthaus fand sich in der Stube keiner, der willig war, den heiligen Frieden zu stören.
Da stürmte Sepp aus der Stube, schrie, dass es nur so gellte: „Kämpfen muss ich und sei es gegen den Teufel!"
Das war das Letzte, was die Menschen in Mitterbach für drei lange Jahre vom Sepp gehört hatten. Seine Keusche war fest verschlossen, Spinnweben bedeckten die Tür. Auch in den umliegenden Wäldern gab es kein Lebenszeichen vom starken, schönen Burschen. Verschwunden war er. „Ob er wahrlich zur Hölle gefahren ist?", fragten sich seine Nachbarn.
Wieder und wieder gingen sie zur Keusche, verließen die unwirtliche Stätte nur zu oft kopfschüttelnd. So kamen sie auch eines Tages. Doch da saß der Sepp auf den Stufen vor der Tür. Schwarz verkohlt, das blonde Haar grau verfilzt, die Augen trübe. Keine Antwort konnte er geben, seine Stimme war nur noch ein Krächzen. Trinken wollte er, bedeuteten seine regen Hände.
Gierig leerte er den Wasserkrug, den ein Freund ihm reichte. Dann sprach er leise, kaum verständlich: „Der Teufel selbst hat gegen mich gerungen, wie ich es gewünscht hatte. Den Kampf aber habe ich verloren, in den tiefen Schlund der finsteren Hölle zerrte er mich. Machte mich zum Thorwartl, ließ mich zwar speisen, doch jedes Getränk war verboten. Keine Sekunde Schlaf war mir erlaubt. Die Hitze raubte mir fast den Verstand. Heute erst befahl der Teufel mir zu schlafen. Als ich erwachte, saß ich hier auf den Stufen."
Entsetzt lauschten die Holzfäller dem gebrochenen Mann. Halfen ihm in die Keusche, bereiteten ihm ein sauberes Lager.
Nach langem Schlaf kam der Sepp wieder zum Vorschein. Doch war es nicht mehr der Raufhandel, den er nun suchte. Frieden mit Gott wollte er suchen, pilgerte allein nach Mariazell.
„Ein anderer ist der Sepp geworden, ein stiller, friedlicher Mensch", wisperten die Frauen. So sollte es auch bleiben. Nie wieder wollte er Thorwartl des Teufels werden.

DIE AGNES VOM PALTENTAL

Das Jahr 1602 schrieb man zu Rottenmann. Da schlug das Schicksal zu. Tot fand man einen Holzfäller unter einer mächtigen Tanne begraben. Zurück blieb eine Frau mit vier kleinen Kindern. Eine Frau, die versuchte, den Kindern wenigstens das tägliche Brot zu geben. Doch bald schon fehlte auch dieses.
In ihrer Verzweiflung und um die Schreie der Kleinen nicht mehr hören zu müssen, setzte sich die Witwe auf die kleine Bank vor dem Haus. Sah hinauf zum Schloss Strechau, betete und weinte. Grell traf ihre Augen das Licht, das aus einem Fenster des Schlosses zu ihr herüberleuchtete. Auch in den folgenden Nächten blendete der Glanz ihre verschwollenen, verweinten Augen. Wie ein Winken erschien es ihr, eine freundliche Aufforderung, dem Lichtstrahl zu folgen.
Schließlich nahm sie den Ruf an, den ihr das Licht gesendet hatte. Ging hinauf zum unbewohnten Schloss. Wie erstaunt war sie, als ein Mädchen sie beim Tor empfing und hinauf ins Schloss führte. Eine Tür öffnete sich, blendender Glanz umgab die arme Frau. Doch nicht nur vor diesem schützte die Frau ihr Gesicht mit den Händen.
Auf einem Thron mitten im Saal saß sie. Die schönste Jungfrau, die es im ganzen Tale geben konnte, umringt von zwölf weiß gekleideten Mädchen. Durch den weißen Schleier schimmerte das ebenmäßige Gesicht der Jungfrau. Mädchen sammelten schimmernde Steinchen,

die den Boden bedeckten, glitzerten und funkelten. Staunend beobachtete die arme Frau das Geschick der Mädchen, als sie eine Krone mit der schillernden Pracht schmückten.
Den Schleier nahm eines der Mädchen der Jungfrau ab, die anderen setzten ihr die Krone auf. Starr vor Schreck, geblendet von der Schönheit, dem Licht, stand die Frau. Befolgte nicht einmal die sanfte Aufforderung, all die funkelnden Perlen, die noch auf dem Boden lagen, aufzuheben. Hörte nicht, dass sie und ihre Kinder davon leben sollten. Nahm nur die weiche, liebevolle Stimme wahr.
So bückten sich die zwölf Mädchen, legten der Frau Stein für Stein in den Schoß.
Umringten danach die Jungfrau, die Decke des Raumes öffnete sich. Die Arme erhoben, entschwebten sie alle hinauf in den dunklen Himmel.
Ruhig nahm das Mädchen von der Pforte den Arm der Frau, geleitete sie durchs leere, verlassene Schloss. Erklärte ihr, dass sie eben die Tränen, die die schöne Jungfrau zu Lebzeiten geweint hatte, mit sich trage. Tränen, weil sie in Schloss Strechau gefangen gehalten worden war. Und ebenhier hatte sie, der „Engel vom Paltental" genannt, Gott gelobt, für immer jungfräulich zu bleiben. Nach ihrer Befreiung war sie ins Kloster Göss eingetreten.
Verwundert horchte die arme Frau den Worten des Mädchens nach. Ein Frösteln durchlief sie, als sie am Ende hörte:
„Vor drei Tagen ist Schwester Agnes im Kloster zu Göss verstorben."
Verschwunden war danach das Mädchen. Die Frau eilte ins Tal, verkaufte dem Goldarbeiter ein paar der Tränen, lebte mit ihren Kindern zufrieden weiter. Ein Kreuz ließ sie aus den restlichen Perlen machen. ein Kreuz, das weithin bewundert und von den Bewohnern des Tales das „Tränenkreuzlein" genannt wurde. Für immer sollte damit das Andenken an die Agnes vom Paltental gewahrt werden.

DER GRAUE FÄCHER

Ein fröhlicher Tag sollte es werden, als die Gräfin Attems mit ihrem Sohn zu ihrer Freundin aufbrach. Das Schloss Eggenberg bei Graz, die Fürstin von Eggenberg waren das Ziel ihres Besuches.
Still, in sich gekehrt, fand die Freundin die Fürstin vor. Nicht einmal zum Spaziergang durch den schönen Schlosspark war sie zu überreden. Also erholte sich die Gräfin Attems mit ihrem Sohn unter den herrlichen Bäumen.
Da erschien von der Kapelle her eine kleine, unscheinbare Gestalt. Lange, graue Kleider hüllten ihre zierliche Figur ein, die goldgestickte Haube mit all ihren Schleifen war der einzige Schmuck.
Zu spät war es für die Gräfin, auszuweichen. Schon kam die Frau näher, das Gesicht hinter einem modrig riechenden Fächer verborgen. Bei der Bewegung des Fächers verstärkte sich der Modergeruch. Doch schon war die Gestalt vorübergeschwebt, machte bei der Kapelle halt, knickste dreimal und verschwand.
Zittern durchlief die Fürstin von Eggenberg, als ihr die Freundin aufgeregt von der schrecklichen Erscheinung erzählte. „Drei Tage werden nicht um sein, bevor einer der Eggenberger stirbt. Die Ahnfrau hat uns noch nie etwas anderes verkündet.“

Und wirklich. Noch in der gleichen Nacht starb die Fürstin. In ihrer Kammer stand zum Entsetzen der herbeigeeilten Freundin die Ahnfrau. Die Augen der Fürstin schloss sie für immer, knickste wiederum dreimal und war nicht mehr zu sehen.
Wer kann es sich vorstellen, dass diese Ahnfrau selbst im Jahre 1717 noch ihre düsteren Botschaften verkündete, bevor sie für immer verschwand?

DAS GELÄUT DER GLOCKEN ZU OBDACH

Hässlich war sie anzusehen, die Konstanzia. Langes, struppiges Haar hing wirr ums braungegerbte Gesicht. Von Falten und Furchen gezeichnet war dieses Antlitz, das so vieles schon gesehen hatte: Jerusalem vor allem, die Heilige Stadt. Auf einer Hirschkuh reitend, war sie seinerzeit von dort nach Obdach gekommen.
Vieles sah dieses Gesicht noch jetzt, auch Dinge, die anderen verborgen blieben. Recht von Unrecht unterschied es, fand so manchen Missetäter. Rettete andere, die zu Unrecht verfolgt worden waren.
Doch bald schon war sie zur Hexe geworden, zu der mit dem zwei-

ten Gesicht. Zu der, die den armen Menschen weissagte, was ihnen auf ihrem Lebensweg begegnen würde. Dankbar und freundschaftlich gaben die Armen ihr bald den Namen „Armenseelenstanzl", verwehrten jeder bösen Zunge, sie eine Hexe zu nennen.
Doch ihr Ruf verbreitete sich in der ganzen Gegend. In Massen kamen die Menschen, um ihre Hilfe zu erlangen. Und sie half, half, bis sie vor Erschöpfung unfähig war, noch einen Armen einzulassen.
Da kam auch der Priester, bat sie um Rat. Wollte er doch die armen Seelen vor dem Fegefeuer, der Hölle retten. Die Armenseelenstanzl wusste auch hier Bescheid, bannte die bösen Geister von den Seelen der Verstorbenen und verschaffte ihnen die ewige Ruhe.
Als sie selbst aber eines Tages, müde und uralt geworden, ihre Augen für immer schloss, geschah es. Ohne von einer menschlichen Hand berührt zu werden, läuteten die Glocken der Kirche schöner denn je. „Die armen Seelen danken unserer Stanzl für ihre Hilfe", sagten die Menschen und bekreuzigten sich.

EINE GAR SELTSAME BRAUT

Angst und Schrecken herrschte, wenn die Druden unterwegs waren. Wenn sie mit ihrer Kraft, gelenkt von bösen Mächten, die Menschen aufsuchten, die Männer erdrückten und erstickten.
Doch war die Zeit des Drudendrückens vorüber, erkannte niemand mehr die Druden. Unerkannt mischten sie sich als hübsche, junge Mädchen unter die Leute. So traf denn auch der Bertl die Liesl. Bald schon verlobte er sich mit dem lieben, freundlichen Mädchen. Nur eines wollte und wollte er nicht verstehen. An manchen Tagen verbot Liesl ihm, sie in ihrem Haus zu besuchen.
Erst verfiel Bertl in Schwermut, dann aber erwachte die Eifersucht in ihm. Hatte seine Liesl gar noch einen anderen? Einen, den sie ebenso lieb hatte wie ihn? Er begann, das Haus des Mädchens zu beobachten, wenn sie ihm den Eintritt wieder einmal verwehrt hatte. Das aber bemerkte Liesl.
„Du sollst erfahren, warum ich manchmal störrisch bin, dich nicht sehen kann. Es gibt Nächte, in denen ich zur Drude werden muss. Nichts kann mich halten, die Macht holt mich ein." „Ich will dir helfen, Liesl, bitte, lass mich dir helfen."
Als Liesl merkte, wie ernst es dem Bertl war, sagte sie: „Wenn es mich das nächste Mal überkommt, sollst du bei mir sein. Doch musst du mich ganz fest um die Mitte halten, mich selbst im wildesten Toben

keine Sekunde loslassen. Gelingt es dir, dann bin ich für immer befreit von bösen Geistern."
Weil Bertl seine Liesl wirklich lieb hatte, tat er, worum sie ihn gebeten hatte. Keine Macht der Welt oder der Bösen hätten ihn nur einen Augenblick abbringen können, sich um den Leib der Drude zu klammern. Auch nicht ihre übermenschliche Kraft vermochte ihm etwas anzuhaben. Schreiend polterte die schreckliche Gestalt mit ihm durchs Haus. Er aber ließ nicht aus.
Und plötzlich fiel der wüste Zauber von dem Mädchen ab. In Bertls Armen lag seine hübsche, liebe Liesl. Nie wieder wurde sie zur Drude, für immer aber schenkte sie ihm ihre Liebe.

DIE TOTE MUTTER

Einen schönen Hof nannte der Brandl sein eigen. Und eine noch viel schönere, liebe Frau war seine Theres. Jedes Jahr, das sie gemeinsam verbrachten, erschien ihnen noch reicher und besser als das vergangene. Denn jedes Jahr schenkte ihnen ein Kind. Ihre Kinder liebten die Brandl-Bauern von ganzem Herzen.
War auch noch die Ernte gut, so sagte die Theres: „Gott sei's gedankt, wie gut es um uns steht."
Das Fieber jedoch machte dem Glück ein gar schreckliches Ende. Denn es befiel die Bäuerin, ließ ihre blauen Augen schwellen, erhitzte die Wangen, nahm ihr den Atem. Liebevoll pflegte der Brandl seine geliebte Theres, legte ihr feuchte Wickel auf die glühende Stirn, gab ihr Kräutersud zu trinken. Den hatte eine alte Muhme im Dorf gebraut. Doch das Fieber war stärker. Eines Morgens wachte die Bäuerin nicht mehr auf.
Weinend beteten die sieben Kinder und der Brandl neben dem Totenbett der Mutter, der Frau.
Sieben Tage, nachdem die Brandlerin zu Grabe gelegt worden war, wachte der Bauer auf. Neben den Betten der sieben Kinder stand seine Theres. Stumm beobachtete er, wie sie eins nach dem anderen aus seinem Bettchen nahm, es wiegte und koste. Genau sieben Stunden lang. Dann löste sie sich in nichts auf.
Sechs Tage lang wiederholte sich ihr Besuch.
Am siebenten fragte der Brandl den Priester um Rat, was er denn tun solle. Da antwortete dieser bedächtig: „Festhalten sollst du sie, dann wird sie dir wieder geschenkt."

Die Nacht kam, die Theres schwebte leise durchs Zimmer. Blitzschnell umklammerte sie der Bauer liebevoll, ließ sie sieben Stunden nicht mehr los.
Und wirklich, von Stunde zu Stunde spürte er den Körper der Frau wärmer werden, der Atem setzte ein, nach sieben Stunden sprach sie ihn an: „Danke, nun darf ich wieder mit euch leben."
Wessen Jubel wohl größer war, der des Bauern? Der der Kinder? Oder gar der des wiedergeschenkten Lebens, des glücklichen Lachens der Theres?

DER ZAUBER DER FRAUEN-LACKE

Wanderte einer der Burschen aus dem Tal hinauf zur Seetalalpe, so bekreuzigten sich die alten Frauen im Dorf: „Da geht er, ob wir ihn wiedersehen, das hängt allein von den wunderschönen Frauen droben in der Frauenlacke ab."
Und damit hatten die Frauen Recht. Denn in dem klaren Wasser lebten tatsächlich herrliche Frauen, die nur darauf warteten, ihren Zauber an den Männern wirksam werden zu lassen. Dieser Zauber war ein trügerisches Bild. Kam ein Bursche zur Frauenlacke, blickte hinein in den Spiegel des Sees, erschien er ihm als die blumigste aller Wiesen. Das Winken der Mädchen war eine Bitte, ein Locken. Kein Mann konnte ihm widerstehen. Jeder trat ein in diese zauberhafte Wiese.
Doch kaum hatte er den Fuß ins satte, grüne Gras gesetzt, versank er. Versank in die Tiefe des Sees. Für immer musste er nun bleiben, unten auf dem Grunde des Wassers. Für immer lebte er im gläsernen Palast der Frauen.
Wiedergekehrt ist kein einziger von all den vielen Männern ....

DAS GESPENSTISCHE GERICHT ZU WEYER

Treulos war sie, die Schlossherrin zu Weyer, dem Freund ihres Mannes völlig verfallen. Der Begründer des Schlosses ermordete daraufhin wütend seinen Freund.
Verzweifelt sann die Schlossherrin nun auf Rache. Und sie fand einen hinterhältigen Weg. Einen Weg, der jeder Ehrhaftigkeit widersprach. Drei Mitglieder des hohen Gerichts, der Feme, bestach sie. Alsbald wurde der Schlossherr wegen seines Verbrechens verurteilt und in aller Stille auf seinem Schloss hingerichtet.
Die Jahre vergingen, die Richter starben. Doch ihre frevelhafte Unterstützung für die bösartige Schlossherrin sollte nicht ohne schreckliche Folgen für sie bleiben. Ewige Verdammnis erwartete sie, die heilige Ruhe war ihnen nie gegönnt.
Denn täglich um 11 Uhr nachts mussten sie nun durchs Schloss, den Ort ihrer bösen Tat, ziehen. Gekleidet in schwarze Kutten, schlurften sie zum Blutsaal, nahmen wieder und wieder ihre Akten aus den Kutten, besprachen sie um und um.
Und täglich mussten sie sich dem schrecklichen Gerassel der Ketten des gefangenen Schlossherrn, seinem entsetzlichen Stöhnen aussetzen. Da gab es kein Entrinnen.
Irgendwann, zur Geisterstunde, erschien er dann, der Schlossherr zu Weyer. Blutüberströmt drohte er mit der Faust, schwor ewige Rache.
Selbst Arbeiter, die das Gemäuer einst ausbesserten, wollen das gespenstische Gericht gesehen haben. Schwören obendrein, dass der Schlossherr gegen Ende der Geisterstunde jedesmal in der alten Kapelle verschwand, wo die Gräfin still auf einem Stuhle saß.
Was dort geschah, will niemand je gesehen haben...

DER HEXENTURM

Zaubermittel kannten sie, die Hexen, die im Admonttal ihr Unwesen trieben. Zaubermittel, die sogar der hässlichsten alten Muhme die Schönheit eines jungen Mädchens geben konnten. Vollmond bedeutete in der Gegend, dass sie von dieser Kraft Gebrauch machen würden.
Eine Nacht des Jahres, die vom 31. Mai auf den 1. Juni, ließen sie ganz sicher nicht aus. Da war Walpurgisnacht, der Ruf des Teufels hallte wider in allen fein geschulten Hexenohren. Dem mussten sie folgen, wollten sie den Herrn der Hölle nicht verärgern. Ihm wollten sie aber auch in voller Schönheit entgegentreten, um sein Wohlgefallen zu erregen. Denn nur sein Urteil zählte, machte sie stark.
Viele der Anrainer konnten beschwören, dass hunderte Ziegenböcke durch das Tal ritten an diesem Tag. Ziegenböcke, die wunderschöne, singende Wesen hinauf zu den Haller Mauern trugen.
Dort oben, auf den scharfen Zacken, feierten die Hexen die Nacht durch. Auch für das Auge der Menschen machten sie sich ausnahmsweise sichtbar, wenn sie wild um einen der Felsen tanzten:
Denn die Menschen sahen dann weiße Nebelschwaden wild um diesen Felsen wirbeln, bekreuzigten sich und gaben ihm den Namen Hexenturm.
Hinaufgewagt hat sich in solchen Nächten aber keiner der frommen Leute.

DIE GUTE FRAU VOM SCHLOSS

Unweit der Riegersburg erhebt sich bei Altenmarkt der Gmundner. Wo einst ein böser Vulkan die Menschen vertrieben hatte, stand nun ein stattliches Schloss. Bewohnt war es zu jener Zeit von der Schlossherrin Katharina.
Liebevoll kümmerte sie sich um Sorgen, Ängst und Nöte der Bauern.
Gar freundlich bot sie jedem Armen Hilfe an. Und zog wieder einmal ein Unwetter von Gleichenberg herauf und zerstörte die Ernte, so spendete sie den Menschen Trost. Sie gab ihnen zu essen, trug ihnen eigenhändig das Korn in ihre armseligen Keuschen.
Gar sehr liebten die Menschen die „Kathl", wie sie ihre Herrin liebevoll nannten. Doch gab es so manchen, der sie für närrisch, damisch halt, erklärte. Denn damisch musste eine schon sein, die ihr Hab und Gut zu jener Zeit nicht für sich behalten wollte.
Eines Tages jedoch hatte das Glück der Armen sein Ende. Versunken war das prächtige Schloss in den tiefen, breiten Felsspalten des Gmundners. Nichts war geblieben, die Kathl war verschwunden.
Selbst als die Menschen begannen, dem Berg riesige Wunden zu schlagen, im Steinbruch arbeiteten, fand sich von jenem Gemäuer keine noch so winzige Spur mehr.
Ob es stimmte, was sich die Alten zuraunten? Dass es wohl kein Glück bringen könne, zu gut zu anderen zu sein?

DER WIDERSPENSTIGE HENGST

Kriegerisch war der Sinn der Margarete Maultasch, der stolzen Herzogin von Tirol. Machthunger regierte ihr Leben wohl vom ersten Atemzuge an. Erbittert waren ihre Kämpfe gegen die Herzöge von Österreich. Erschüttert und verängstigt waren die Menschen, wenn die Herzogin mit ihren Mannen durchs Land zog, zu Raub, Mord und Brandschatzung aufrief.

Es muss um die Mitte des vierzehnten Jahrhunderts gewesen sein, als Margarete am Eingang des Murtales schwor, Schloss Murau einzunehmen. Blitzschnell versetzte die Kunde, von Spähern nach Murau gebracht, die Bewohner in Angst und Schrecken. Wie sollten sie sich schützen, wie sich retten?

Zu spät war es, um Vorsichtsmaßnahmen zu ergreifen, das Schloss besser zu befestigen. Schon ritt die Horde flussaufwärts dem Schlosse zu. Voran die stolze Frau auf ihrem schwarzen, feurigen Hengst. Wild schlugen die Hufe des Tieres auf, weit sprühte die Erde, wie im Fluge ritten Gräfin und Hengst.

Bis zur Cäcilienkirche, nahe Murau, waren sie gelangt. Da bäumte sich der Hengst vor dem Kirchenhaus störrisch auf, war nicht zum Weiterreiten zu bewegen. Die Gräfin sprang von dem rasenden Tier ab, riss ihm die Hufeisen von den Füßen, warf das letzte wutentbrannt gegen das Kirchentor.

Doch dieses wich dem wuchtigen Schlage nicht. Im Gegenteil, das Hufeisen blieb wie angenagelt am Holze hängen.
Die Gräfin aber gab fürs Erste ihren Plan, Murau zu erobern, auf. Hätte sie das Zeichen des Himmels verstanden, sie hätte nie wieder einen Gedanken an eine Einnahme Muraus verschwendet.
Denn der zweite Angriff endete mit einer Niederlage, draußen auf der Klingwiese und der Blutwiese. Stolzer Sieger über die herrische Frau aber blieb der Herzog Friedrich von Teuffenbach.

DAS LIED DER NIXE

Draußen, wo die Andritz ihren Ursprung hat, lauschten die Menschen gar oft den zarten Liedern, die von der Quelle tönten. In manchen hellen Mondnächten wurden die Klänge noch ergreifender, noch zarter. Doch keiner der Anrainer wagte es je, über die Mauer, die Quelle und Teich umgibt, zu schauen. Es war, als wollten sie dem Geheimnis der Zaubermusik nicht auf den Grund gehen.

Eines Nachts aber taumelten betrunkene Burschen den Wasserlauf entlang, wetteten, wer es wagen würde, die Mauer zu überklettern. Keiner wollte dem anderen nachstehen, und so stiegen sie die Steine hoch.

Eine wunderschöne Frau mit langem, blondem Haar saß inmitten des Schilfs, kämmte sorgfältig ihre Haarpracht und sang leise vor sich hin. Völlig verzaubert standen die Burschen einige Sekunden lang. Aber dann tat der Wein seine Wirkung.

Gemeinsam fielen sie über das Mädchen her, schleiften es an der Haaren ans Ufer. Schon wollte der eine der Männer sie hochheben, da rutschten seine gierigen Hände ab. Ein Fischschwanz war ihm entglitten. Eine Nixe hatten sie erobern wollen.

Bleich vor Angst, bettelte die Nixe um ihr Leben, bat, sie ins Wasser zurückzubringen. Der Alkohol aber brachte das Blut der Burschen noch mehr in Wallung. Mit den Fäusten schlugen sie auf das unheimliche Wesen ein, bis es sterbend aufschrie: „Hättet ihr mich geschont, ich hätte euch den Weg zu Gold und Reichtum gezeigt."

Fluchtartig rannten die Burschen davon, in ihren Köpfen ein unheimliches Brausen. Der liebliche Gesang an der Quelle ist seither für immer verstummt.

DIE HEXE VOM PUTTERERSEE

Rot leuchtend strahlten die Haare der Sennerin auf der Plotscheralm, wenn sie über den Almboden zu den Kühen ging. Den ganzen Tag über war sie fleißig, molk, schleppte die Kübel voll fetter, frischer Milch, butterte und machte die herrlichsten Butterstriezel von allen Sennerinnen auf der Alm.
Neidisch und missgünstig beobachteten die anderen, wie flink ihr die Arbeit von der Hand ging. Bösartig tuschelten sie, wieso gerade ihre Kühe die gesündesten und schönsten auf den Weiden waren, ihre Butterstriezel stets größer und gelber als ihre Striezel.
„Mit bösen Mächten hat sie einen Pakt, da bin ich mir sicher", sagte die älteste Sennerin. „Du irrst, mit dem Teufel selbst", stichelte eine andere mit hämischem Grinsen.
Abends war die „Rote" stets die Erste am Ufer des Plotscheralmsees, die ihre Buttergefäße schrubbte, bis sie sauber waren. Die Striezel legte sie inzwischen auf den duftenden Almboden.
Eines Abends zog das schrecklichste Unwetter auf, die Sennerinnen bekreuzigten sich, riefen alle Heiligen um Hilfe an und flohen in ihre Hütten. Allein die tüchtige Sennerin blieb zurück.
Mit grauenhaftem Getöse fuhr ein Blitz vom Himmel, der neben ihr in den Boden einschlug.
Erschrocken ließ die Sennerin Buttergefäße und Striezel sein, verschwand in ihrer Hütte. Das Unwetter aber tobte die ganze Nacht hindurch.
Am nächsten Morgen öffneten die Sennerinnen die Türen ihrer Hütten und schrien auf. Der See war verschwunden. Keine Spur von ihm war

geblieben. Und auch die Butterstriezel der roten „Hexe“ waren wie vom Erdboden verschluckt.
Nichts ahnend kam ein junger Jäger den Hügel hoch, erzählte, dass in Aigen ein See entstanden sei. Einfach über Nacht sich über die Wiesen erstreckt hatte! Und mitten auf dem Wasser seien drei goldene Butterstriezel geschwommen!
„Der Teufel war's, er hat heute Nacht neben der roten Hexe gestanden, das ist der Beweis! Sie ist eine Hexe! Wie sonst hätte sie all die Jahre unsere fleißige Arbeit übertrumpfen können!“ So kreischte die dickste, faulste Sennerin.
Doch damit war es ihr noch nicht genug. Schneller als Feuer verbreitete sie die Nachricht von der roten Hexe durch alle Dörfer, alle Gehöfte. Bis auch dem Gericht zu Irdning nichts übrig blieb, als die Hexe vom Putterersee gefangen zu nehmen.
Ihr schlimmes Schicksal konnte nicht mehr abgewendet werden. Auf dem Scheiterhaufen loderten ihre roten Haare höher als die Flammen. „Seht ihr, sie ruft den Teufel um Hilfe an. Da kann sie lange betteln“, versprühte die dicke Sennerin noch einmal ihr Gift.

DIE RACHE DER DRUDE

Begab sich der Ritter von Wildon auf einen Ausritt, so führte ihn der Weg stets vorbei am Drudenbrünnlein. So klar das Wasser auch aus der Quelle im Wildoner Schlossberg sprudelte, so trüb waren die Augen der Drude. Der Drude, die dort gemeinsam mit einem häßlichen, abstoßenden Jüngling die Quelle bewachte. Bei einem Ritt zur Vollmondzeit hätte der wilde Hengst des Ritters die Drude beinahe zertrampelt. Geschickt bändigte der hässliche Jüngling aber im letzten Augenblick das sich aufbäumende Tier.
Die Drude verzog den eingefallenen, zahnlosen Mund in ihrem zerfurchten lederfarbenen Gesicht, spie aus und drohte: „Daran werdet Ihr Euer Leben lang denken! Glück und Segen Eurem Kinde!".
Hochschwanger war die Gattin des Ritters zu jenem Zeitpunkt. Bald darauf gebar sie einen Buben. Kurz nach der Taufe war es, da schlich die Drude durchs Schloss, verschwand im Zimmer der Burgfrau. Dem schlafenden Ritter aber setzte sich der hässliche Drudenjüngling auf die Brust.

Schwer atmend wachte jener auf, lief gehetzt ins Zimmer seiner Gattin. In ihren Armen lag ein braunhäutiges, rothaariges Kind!
Der Ritter schickte Knappen, Diener, alle seine Freunde durch die Wälder. Keine Spur von seinem Buben, keine Spur von der Drude war zu finden. Da schwang er sich selbst aufs Pferd, ritt weit hinaus ins Land. Bis Obersteier war er gelangt. Ein Unwetter setzte seiner Suche ein jähes Ende. Durchnäßt klopfte er an die Tür einer bescheidenen Köhlerhütte. Welche Freude durchfuhr ihn, als die Köhlersfrau öffnete. Doch nicht, weil er Zuflucht gefunden hatte!
In ihren Armen lag sein Sohn, den er sofort an dem kleinen Muttermal an der linken Wange erkannte. Auf seine Frage, ob die Frau einen rothaarigen Jungen vermisse, nickte die Frau mit Tränen in den Augen. Tröstend erzählte der Ritter nun von den vertauschten Knaben. Dann ritt er mit Köhlersfrau und Sohn zurück. Freudentränen hatten die Mütter in ihren Augen, die einfache Köhlersfrau ebenso wie die edle Burgfrau.
Gemeinsam wuchsen nun die Knaben zu Schloss Wildon heran. Den treuesten, besten Knappen des Landes hatte der junge Ritter sein Leben lang zur Seite...

DIE SCHWARZEN FRAUEN

Dort wo die Steiermark und Kärnten einander begegnen, in St. Margarethen am Silberberge, geschah es vor langer, langer Zeit.
Die Zacken des Felsens, der mächtig in den Himmel ragte, wurden lebendig, verwandelten sich in schwarze Frauen, die über die Almen der Umgebung streiften. Ob sie Böses oder Gutes im Sinne hatten, wusste keiner so recht.
Bis eines Tages ein Hüterjunge mit seiner Schafherde auf eine der Almen zog. Er wollte die Tiere an den saftigen Gräsern und Blättern naschen lassen. Friedlich weideten Lämmer und Schafe, leise klang ihr Geblöke über den sonnigen Hang. Der Bub aber legte sich ins Gras, schaute zum Himmel empor und pfiff ein Liedchen.
Ein Schatten verfinsterte plötzlich seinen Blick. Vor ihm stand eine der schwarzen Frauen. Doch nicht unfreundlich sprach sie, sondern sanft: „Schenkst du uns eins der Lämmchen, um unseren Hunger zu stillen?"
Der Bub zögerte. War doch sein Herr als einer der Geizigsten des Dorfes bekannt. Stotternd erzählte der Bursche den Frauen von seinem brüllenden, schimpfenden Herrn, der sicher auch nicht eines der Tiere vermissen wollte.
„Hab keine Angst, wir geben dir das Fell des Tieres mit. Leg es in den Stall. Am Morgen wird dein Lamm friedlich neben den anderen Tieren stehen", sprachen die Frauen beruhigend auf ihn ein. Seufzend tat der Bub den Frauen den Gefallen. Und sie schlachteten das Tier, verletzten das Fell nicht, gaben es dem Buben mit auf seinen Weg ins Tal.
„Verflucht seist du, wenn das weiße Lämmchen bis morgen früh nicht in seinem Stalle steht! Und hundert Stockhiebe sind dir sicher!" So brüllte und tobte der Herr. Still verkroch sich der Hüterjunge im Stall, legte das Fell behutsam an den Platz des Lämmchens. Vertrauensvoll schlief er dann ein.
Wirklich, am Morgen begrüßte ihn das weiße Lämmchen mit seinem weichen Schnäuzchen. Unversehrt und heil, wie es die schwarzen Frauen versprochen hatten.

DER BESTE SCHUTZ FÜR MUTTER UND KIND

Spät war es geworden beim Almabtrieb. Der Knecht Bertl, der wie jedes Jahr die Sennerin beim Almabtrieb durch die steile Schlucht der Öfen begleitete, ließ kein Auge von der Trude.
Hochschwanger setzte sie mühsam Schritt vor Schritt. Ihr Kind im schweren, prallen Leib mit den Händen stützend. Schützend, liebevoll und stolz trug die Schwaigerin ihr Kind. War es doch Erinnerung an den, den sie ihre große Liebe genannt hatte. Dem sie versprochen gewesen war. Aber der Besuch des Helmut oben auf der Alm machte ihrer beider Pläne ein böses Ende. Im Dunklen hatte er die Alm verlassen, freute sich auf die Hochzeit im Spätherbst, auf das Kind. Unachtsamkeit war sein Begleiter, denn er sah immer nur die hübsche Trude mit ihren langen, schweren Zöpfen vor sich. Zu spät bemerkte er das Steinfeld, rutschte ab, wurde von einem Stein begraben.
Die Dämmerung begleitete Trude und Bertl, das Vieh tat sich schwer, den richtigen Tritt zu finden. Ein Wimmern erschreckte Bertl, er lief hinüber zur Sennerin. „Es zieht, hilf, Bertl."
Dem Bertl fiel nur ein Schutz ein. Die Siebenmeterhöhle, die tief in den Berg hineinging. Vorsichtig brachte er Tiere und die Sennerin dorthin, entzündete ein Feuer vor dem Eingang der Höhle. Inmitten von schweren, warmen Tierleibern bettete er Trude, holte Wasser vom Bach, erhitzte es.

Bald ertönte ein kräftiger Schrei, ein hübsches, festes Mädchen hatte die Trude mit Hilfe ihres treuen Hirten geboren. Erschöpft schliefen Mutter und Kind, während Bertl Wache hielt. Draußen schlich so mancher Fuchs vorüber, rauschten mächtige Adlerschwingen, glühten blitzende Luchsaugen. Doch das Siebenmeterloch mit seinem hellen Feuerschein hielt alles Unheil ab.
Die Taufe war kaum vorüber, da stieg Trude, das Kind um den Leib gebunden, auf zum Siebenmeterloch. Auf seinem Rücken trug Bertl das Bild der Muttergottes.
Sie stellten es vor der schützenden Höhle auf. So mancher Wanderer hält heute Rast beim Bild, legt Blumen auf den schroffen Stein.

DER TANZ AUF DEM STODER-ZINKEN

Wollten die Ennstaler Hexen tanzen, so flogen sie auf die Höhen des Stoderzinkens. Nirgends konnten sie so frei tanzen wie auf den glatten Wänden der Scheichenspitze. Treffpunkt war stets am Ahornsee, in dem klaren Wasser badeten sie.
Frisch und schön entstiegen die Hexen danach dem See, machten sich bereit für ihren erdverbundenen Tanz, ihre Verbindung zu allen Elementen.
Drunten in Stainach lebte einer, der hasste Frauen. Gleich welchen Alters, welchen Aussehens, er mochte sie nicht leiden. Hatte er doch die strengste, böseste von allen zur Frau genommen. Mit ihrer Herrschsucht machte sie ihm das Leben in seinem Haus, seiner Schmiede zur Hölle. Ihr konnte er nicht trotzen, also ließ er an allen anderen kein gutes Haar.
Eines Nachts sollte er die Strafe für seine böswilligen Reden erfahren. Stand unerwartet ein Männchen mit blitzend grünen Augen vor seinem Bett, rief: „Mit mir musst du kommen. Nimm dein Werkzeug, beeil dich."
Verstört folgte der Hufschmied dem Männchen zu seinem federleichten Wagen. Stieg auf, erkannte erst da den feuerspeienden, fledermausflügeligen Drachen. Der zog den Wagen ohne Mühe in die Lüfte, brauste über den Grimming hinweg zum Stoderzinken. Beim Ahornsee landete das grauenhafte Gefährt, der Schmied wurde samt seinem Werkzeug unsanft abgeladen.

Jetzt erst sah er die schönen, badenden Hexen im See. Wie seltsam wurde ihm zumute, als er befohlen bekam: „ Befestige ihnen Hufeisen an den Knien. Sie müssen heute noch auf die Scheichspitze klettern. Und die ist gar steil."
Eine Frau nach der anderen brachte das grünäugige Männchen in die Höhle, in der der Schmied sein Feuer entfacht hatte. Voll Freude nagelte der Mann die Hufeisen an die Knie all der Frauen, die ihm allsamt bekannt waren. Keine wehrte sich. Bis auf die Letzte!
Wirr das Haar übers Gesicht hängend, nicht zu erkennen, schrie, biss und kratzte sie wütend. Schlug wild um sich, brüllte aus Leibeskräften. Mit aller Wucht schlug der Schmied die schärfsten Hufeisen mit den längsten Nägeln in ihre Knie. Dann trieb es ihn, ihr Gesicht zu sehen. Die Haare strich er ihr aus dem Gesicht – und erblickte seine eigene Frau.
Wie von der Wilden Jagd gehetzt, raste er mit großen Sprüngen den steilen Berg hinab, fluchend, von bösem Lachen verfolgt. Das grüne Männlein kicherte über die gelungene Rache.
Über Frauen sprach der Hufschmied aus Stainach nie wieder. Weder im Guten noch im Bösen. Doch den Stoderzinken mied er wohl ebenso sehr und das sein Leben lang.

DIE FLUCHT DER VILA

Lange schon hatte ein Bauer aus Feistritz Gefallen an einer Vila gefunden. Immer wieder zeigte sie sich ihm, wenn er den dunklen Wald, in dem sie hauste, durchwanderte. Immer stärker wurde sein Wunsch, die Vila, die Waldfrau, zu seiner Frau zu haben.
So nahm er eines Abends allen Mut zusammen. Die Vila kauerte auf einem umgebrochenen Baumstamm, als er ihr näher kam. „Willst du mit mir kommen als meine Frau?", fragte der Bauer. „Ich sehe stets nur dein Bild vor mir, ich kann keine andere lieben." Zu seiner Verwunderung antwortete die Vila sofort, als hätte sie nur auf diese Frage gewartet: „Wenn du versprichst, mir niemals einen Wunsch auszuschlagen, will ich mit dir gehen. Denn auch ich fühle eine mir unbekannte Nähe zu dir."
Bald war das Hochzeitsfest. Die Mutter des Bauern tanzte nicht, saß böse unter der fröhlichen, ausgelassenen Schar von Gästen. Der Bauer versprach der Vila, alle ihre Wünsche zu erfüllen, ihr nichts, aber auch gar nichts abzuschlagen.
Das sollte er bald bitter bereuen. Denn das erste Kind war kaum geboren, da drehte ihm die Vila den Hals um. „Das Mädchen taugt nicht", sagte sie und ließ keine Widerrede des weinenden Mannes zu. Kaum hatte er den Schmerz verwunden, gebar die Vila einen Sohn. Doch auch diesen tötete sie sofort nach der Geburt. Dem Mann zerriss es fast das Herz, doch aus Liebe zur Vila schwieg er.
Mit bösen Blicken verfolgte die Mutter des Mannes das Tun der Frau. Schwieg verbittert, war zu keinem Wort mehr bereit. Als aber die Vila die Gerste schnitt, obwohl die Halme kaum noch aus der Erde ragten,

da fluchte die Mutter der Waldfrau. „Du gehst zu deiner Frau, tadelst sie, bringst sie zur Vernunft", befahl die Alte ihrem Sohn.
In seiner Verzweiflung über die verlorenen Kinder, die zerstörte Ernte war er zu allem bereit.
„Wolltest du eine falsche, eitle Natter als Tochter, einen Dieb als Sohn? Das wären die beiden geworden! Und die Ernte hätte der Hagel im Sommer ohnehin vernichtet."
Die Sätze wütend dem Mann entgegenschleudernd, drehte sich die Vila um, lief in den Wald.
Kein Suchen, kein Betteln des Mannes im tiefen Wald brachte sie je zurück zu den Menschen.

DAS WALDFRAUENLOCH AUF DEM BOSRUCK

Wunderschön waren sie anzusehen, die Waldfrauen. Noch schöner aber klang ihr Gesang über die satte, grüne Ardningalm, brach sich an der Wand des Bosrucks, war auf dem Pleschberg überall zu vernehmen. Doch nicht nur zart und lieblich erreichten die Lieder das Ohr der Menschen.
Wanderer und Jäger, die sich verstiegen hatten, wurden von den Tönen vor dem Absturz bewahrt. Sacht und vorsichtig lockten die Stimmen die Verirrten vom falschen Pfad. Sangen, bis die Menschen in Sicherheit waren.

Eines Tages verirrte sich ein altes, zerbrechliches Mütterlein auf der Alm. Plötzlich stand es vor dem Eingang zum Waldfrauenloch, einer tiefen, gefährlichen Höhle. Die bot den Waldfrauen Unterschlupf und Wohnung.
Schon war die Gefahr groß, dass das alte Weiblein gestürzt wäre. Da ertönte der Gesang der Waldfrauen. Besonders liebevoll war er an diesem Tag. Langsam und schwebend leitete die Melodie das Weib weg von der gefährlichen Stelle, an der auch kein einziges Kräutlein wuchs.
Und bald stand es auf sicherem Boden, umgeben von den besten, duftendsten Kräutern, die es gab. Dort tanzten die Waldfrauen und zeigten sich dem Mütterlein.
Eine von ihnen schenkte der Alten einen Laib frischen Brotes.
Den trug das Kräuterweiblein heim, kostete und aß, bis es satt war. Doch seltsam, so viel es auch vom Brot schnitt, der Laib wurde und wurde nie kleiner. Ein ganzes Leben lang sollte er der alten Frau Nahrung geben.

DIE HEILIGE KÜMMERNIS – WILGEFORTIS, DIE JUNGFRAU VON GEISTTHAL

Vor Hunderten von Jahren lebte sie, die schöne Jungfrau Wilgefortis. Ihr Herz war gläubig, sie hatte sich den Christen angeschlossen. Ihr Vater aber, der reiche, mächtige Burgherr, hielt von Gott und Christus reichlich wenig.
Weil die Schönheit seiner Tochter viele Freier in die Burg an der Kleinalpe lockte, wollte der edle Mann Wilgefortis vermählen. Er wählte einen mächtigen, reichen Edelmann. Ihm versprach er die Hand der bildhübschen Jungfrau.
Doch mit diesem Plan war Wilgefortis nicht einverstanden. Einen Freier, dessen Seele noch immer heidnisch war, wollte sie auf keinen Fall. Lieber wollte sie hässlich werden, entstellt, und allein, aber christlich leben.

So kniete sie unter einer Linde nieder, betete zu Gott, dass er ihr helfen möge. Und tatsächlich, am nächsten Tag sprießte dichter Bartwuchs in ihrem schönen Gesicht. Kein Mann würde sie mehr ansehen wollen, dessen war Wilgefortis nun sicher. Ihr Vater tobte, brüllte, fluchte. Seine Qual war längst nicht so schrecklich wie sein unbändiger Zorn über seine Tochter.

Noch am gleichen Tag ließ er sie ans Kreuz schlagen. Als Wilgefortis nach dieser Wahnsinnstat die Augen für immer schloss, geschahen die seltsamsten Wunder im Dorf und auf der Alpe. Bäume blühten, die niemals Blüten getragen hatten, todkranke Menschen wurden gesund. Da bereute der jähzornige Vater, ließ ein hölzernes Kreuz mit dem Bildnis der bärtigen Tochter anfertigen. Das Kreuz befestigten die Knappen an der alten Linde. Unzählig waren die, die um Hilfe zum Bild der Heiligen Kümmernis pilgerten. Unzählig waren auch die Wunder, die sich an diesem Ort immer wieder ereigneten.

DAS WUNDERLOCH AM ZEIRITZKAMPEL

Stolz ragt der Zeiritzkampel empor. Beschützt er doch in seinem Inneren das Wunderloch, in dessen sicherem Schutz ein großer See verborgen ist.
Der See war vor langer Zeit die Heimat eines Lindwurms. Gemeinsam mit großen, schwarzen Fischen bewohnte der Lindwurm die Tiefen, zeigte sich nur selten. Stets tauchte er aber aus seinem sicheren Schutz empor, wenn die Hexen ins Wunderloch kamen.
Aus allen Himmelsrichtungen trafen sie immer wieder ein. Vergnügen war ihr Ziel. Vergnügen und der Wettkampf. Auf ihren krummen, krausen Besenstielen ritten sie um die Wette rund um den See. Wollten wissen, wer die Schnellste von ihnen sein würde. Vertauschten auch oft den Besen mit schweren, wild geschwungenen Ofengabeln.
Noch schneller, noch wilder trieben sie ihr Rennen dann. Immer lauter hallten ihre Anfeuerungen, noch gellender klangen die Siegesschreie nach den wüsten Ritten.
Schützend barg der Zeiritzkampel die Feste der Hexen. Aber verirrten sich die Schreie hinaus, dann ging ein Hagel über die Gegend nieder, ein Hagel, mit Schloten so groß wie Männerfäuste.
Erschöpft schliefen die Hexen nach dem Toben im Wunderloch. Kam ein Wanderer vorbei, ein verirrter Hirte oder sonst ein Mensch, hielt er oft inne vor der Öffnung im Berg. Wagte dann einer von ihnen, ein Steinchen in die Höhle zu werfen, die Ruhe der Hexen zu stören, so erlebte er seine blauen Wunder.
Denn auf dem schönsten, klarsten Himmel zog mit einem Mal ein Unwetter auf, brauten sich die finstersten Wolken zusammen, zuckten die riesigsten Blitze und grollten die schrecklichsten Donner.
So sei ein jeder Wanderer gewarnt, der zu der Höhle kommt. Wer weiß, vielleicht schlafen die Hexen immer noch. Und spielen dem Störenfried auch heute noch einen bösen Streich.

MUTIGE JÄGER

Vor vielen Hunderten von Jahren war es, als die Wälder am Frauenfeld nahe Admont unsicher waren wie nie. Keiner der Jäger wagte es, allein auf die Pirsch zu gehen. Denn ein mächtiger Löwe hatte die Wälder zu seinem Revier gewählt.
Lange Zeit trieb er dort sein Unwesen. Schlich an den Waldrand, kam bis zu den Gehöften.
Kinder waren seine Beute. Nicht nur eines verschleppte er im Laufe der Jahre. Verängstigt sperrten die Bauern ihre Söhne und Töchter in den Häusern ein. Doch immer wieder geschah es, dass eines der Kinder entschlüpfte. Schon witterte es der Löwe, brachte es in den Wald. Nie wieder wurden diese Kinder gefunden.
Da rotteten sich einige mutige Jäger zusammen. Dem Treiben des Löwen sollte ein Ende gesetzt werden, das beschlossen sie gemeinsam.
Und so machten sie sich eines Tages im Morgengrauen auf den Weg. Nahmen die Spur des Tieres auf, kreisten es ein, trieben es in die Enge. Brüllend wollte der Löwe gar fürchterlich angreifen.
Doch da prasselten von allen Seiten die bleiernen Kugeln auf ihn ein. Sich ein letztes Mal aufbäumend, starb das große Tier.
Stolz waren die Admonter auf ihre tapferen Männer und froh, dem Unheil entkommen zu sein. „Ein Denkmal muss man ihnen setzen", beschlossen die Bauern.
Heute noch hält ein riesiger, steinerner Löwe auf der westlichen Ringmauer des Stiftes Admont ein Kind in seinen Pranken. Gefährlich kann dieser Zeuge einer angsterfüllten Zeit jedoch nicht mehr werden.

DIE BÄRIN VON BÄRNECK

Eine mächtige Burg gehörte ihm, dem edlen Ritter Herbert. Eine Burg, deren Ruine noch heute ins Tal der Mur hinabschaut. Die alte Burg Pernegg war der Stolz des Ritters. Doch nicht nur seine Burg liebte Ritter Herbert. Beate von Massenberg, seine Frau, war das Wichtigste in seinem Leben. Als sie ihm einen Sohn schenkte, war das Glück des Ritters vollkommen.
Einst zog der Ritter hinunter in die dichten Murwälder, um wilde Eber zu jagen. Die schönsten Hauer wollte er Beate schenken.
Es wurde dämmrig. Beate schlenderte mit dem Knaben langsam den Jägern entgegen. Doch kein Zeichen kündete von ihrer Heimkehr, kein Jagdhorn, kein Hundegebell. Dafür rauschte, krachte und knackte es plötzlich schrecklich im Unterholz. Schwere Schritte kamen auf Mutter und Sohn zu. Eine Bärin, aufrecht gehend, die Tatzen drohend erhoben, war es.
In ihrer Angst schleuderte Beate ihr den weißen Schleier entgegen. Zu ihrem Glück verfing sich das mächtige Tier mit seinem Schädel, seinen Tatzen in dem feinen, durchsichtigen Stoff. Brummend kehrte es um, versuchte sich aus dem Schleier zu befreien.
Geradewegs dem Ritter rannte das wütende Tier entgegen. Blitzschnell durchbohrte der mit seinem Jagdspieß die Bärin. Beate kam nun mit dem Kind gerannt, erzählte aufgeregt von dem schrecklichen Erlebnis. Zum Dank für die Errettung seiner Frau und seines Sohnes ließ Ritter Herbert eine kleine Kapelle bauen. In dieser wurden die Fetzen des Schleiers aufbewahrt.
Heute ist diese Kapelle eine Wallfahrtskirche. Den Namen der Burg aber änderte Herbert am selben Tage. „Bärneck" sollte es genannt werden. Und so blieb der Name bis heute erhalten.

DAS GEHEIMNIS DES BESTEN BROTES

Köstlich war das Brot, das die Luise für den Bäckermeister Hierhold im Pöstelgraben buk. Keine der Frauen rundum war fähig, auch nur irgendwie Ähnliches herzustellen. Von weit her kamen die Bauern, kauften die herrlich duftenden, knusprigen Brotfladen.
Doch wie überall gab es auch in Luises Umkreis Neider. Die einen spöttelten, meinten, sie spucke vielleicht in den Sauerteig. Die anderen, die nur Böses im Sinn hatten, schrieben die hervorragende Qualität gar dem Teufel zu.
Heizte doch die Luise stets erst um Mitternacht den mächtigen Bäckerofen an. Das konnte jeder sehen, denn der Rauch stieg immer erst zur Geisterstunde aus dem Rauchfang des Bäckerhauses.
So beschloss man, der Dirne auf die Schliche zu kommen. Man hielt Wache vor dem Haus. Aber immer waren die Vorhänge geschlossen, nie konnten die Männer etwas sehen.
Bis Luise eines Nachts vergaß, die Vorhänge zuzuziehen. Was sich den Augen der Wachen darbot, übertraf alles!
Aufgereiht standen die Schüsseln mit den Brotlaiben auf der niederen Bank. Im Ofen prasselte ein mächtiges Feuer. Luise aber schlief friedlich in der Ecke auf der harten Sitzbank.
Ein Zwerg mit langem, weißem Bart aber war der Bäckermeister einer ganzen Schar von Zwergen, die eifrig Schüsseln zerrten, sie im heißen Ofen verschwinden ließen, das fertige Brot ordentlich aufstapelten.
Bei jedem Laib, den die Zwerge herbeischleppten, schrien sie: „Heiß! Ach, ist das heiß! Ist das heiß hier drinnen!"

So witzig und komisch erschien das den missgünstigen Menschen, dass sie lauthals lachten, spotteten, mit Fingern auf die kleinen Männchen zeigten.
Erschrocken hörten die Zwerge mit ihrer Arbeit auf, schauten böse und verzweifelt in die Gesichter der böswilligen Menschen. Verschwanden auf Nimmerwiedersehen.
Da wachte auch Luise auf, rieb sich verschlafen die Augen, zog die Vorhänge zu.
Das Brot, das sie von dieser Nacht an buk, war gut. Jedoch nie wieder so köstlich wie zuvor. Und all die Anrainer wussten wohl, warum. Ob sie es Luise jemals erzählten?

AM GALGENRIEGEL

Gefürchtet war er, der starke, bärtige Räuberhauptmann. Gefürchtet bei Jung und Alt in der lieblichen, hügeligen Gegend rund um Fehring. Gar mancher bekreuzigte sich, wenn der schöne, aber verwilderte Mann irgendwo auftauchte. War doch kein Hof vor ihm sicher, kein Hab, kein Gut, keines der hübschen Mädchen.

Die buschigen Augenbrauen hingen tief über seinen grün schillernden Augen, die braunen, gelockten Haare umgaben sein bärtiges Gesicht. Mit seinen Heldentaten prahlte er gern bei Wein und einem festlichen Schmaus, den er einem Bäuerlein eben abgerungen hatte. Froh, mit dem Leben davongekommen zu sein, kredenzten die Bauersleute dem Hauptmann und seinen Mannen das Beste aus Stall und Garten, aus Feld und Weingarten.

Übermütig geworden, brach die Räuberbande eines Tages zu einem Raubzug auf.

Metzelte die Bauern, die sich ihnen entgegenstellten, nieder. Nahmen keine Rücksicht auf Frau und Kind.

„Der Teufel ist in ihn gefahren", murmelten die armen Menschen. Doch bald schon gelang es einigen Tapferen, den wilden Räubershauptmann und seine Bande zu stellen.

Gefesselt mit schweren Ketten, brachte man sie zum Galgenriegel. Erhängt sollte die böse Bande werden. So geschah es auch. Erleichtert gingen die Bauern heim zu ihren Gehöften.
Der Teufel war tatsächlich im Bunde mit dem schön-schaurig anzusehenden Mann. Um Mitternacht streckte sich die Bande lebendig am Galgen, schloff aus der Schlinge.
Gewitzt, wie der gefürchtete Räuber war, fertigte er Strohpuppen an. Die baumelten des Morgens am Galgen. Die Bande aber entfloh in den grauen Stunden des Morgens bis tief hinein ins Ungarland und war in Fehring nie mehr gesehen.

DER ZAUBER DES HASELWURMS

Kräftige, starke Sträucher haben ihr Zuhause in der Steiermark. Haselsträucher, deren saftiges Grün der Wanderer von weitem sehen kann. Hat eines der Blätter ein kreisrundes Loch, so war der Haselwurm darin. Der Haselwurm, der einen mächtigen Zauber in sich trägt. Der aus dem Strauch schillert wie ein riesiger, schillernder Regenbogen....
Davon hörte ein Mann, der sich nichts mehr wünschte, als allmächtige Zauberkraft. So wartete er drei Tage und drei Nächte vor einem Haselstrauch, der ein Blatt mit eben diesem Loch trug. Und wirklich – der Haselwurm kroch eines Morgens hervor. Blitzschnell griff der Mann zu, erschlug den Wurm, zerteilte, briet und aß ihn.
Welch wunderbare Kraft verspürte er daraufhin! Mit welcher Freude, welchem Eifer mischte er die wundersamsten Mixturen, die beste Medizin. Schon bald war er als großer Zauberer bekannt und wurde von den Menschen gerne aufgesucht.
Doch nicht allein die Kraft des Zauberns war dem Manne zu Eigen. Gar oft wurde er geholt, um den Menschen verständlich zu machen, was kranken Tieren fehlte. Dann setzte er sich still neben das Tier, horchte, denn er verstand die Sprache jedes Einzelnen von ihnen.

Konnte sogar mit Blumen, Bäumen und Kräutern reden. Sie zum Wachstum, zum Blühen bringen...
Viele, lange Jahre ging der Zauberer von Ort zu Ort, länger als je ein anderer gelebt hatte. Eines Abends aber brach er zusammen, aus seinem Mund kroch ein schillernder Wurm und hinterließ den toten Zauberer. Nach dreimal 77 Jahren begann der Haselwurm sein Leben aufs Neue...

DAS PESTVÖGLEIN

Man schrieb das Jahr 1680, als eine schreckliche Plage durch das Land an der Mur zog. Die tödliche Seuche, die schreckliche alte Greisin, genannt Frau Pest, nahm ihren Einzug in die Städte, in die Dörfer.
Schon bald war es so, dass sich die Nachricht vom Aussterben des einen Dorfes ans nächste in alle Gegenden der Steiermark verbreitete. Selbst mit der großen Stadt, mit Graz, kannte die Seuche kein Erbarmen.
Allein das Pusterwaldtal schien verschont zu bleiben. Und das verdankten die Bewohner nur einem. Dem kleinen Vöglein, das Tag und Nacht auf der Säule am Eingang des Tales saß. Denn es wusste Rat und Hilfe. Davon sang es, ohne auch nur eine kurze Pause zu machen. Wollte es doch alle Menschen warnen, ihnen Gesundheit und das Leben schenken.
Kam also ein Wanderer seines Weges, vergaß das Vöglein nicht, ihn zu warnen. Schon von weitem hörte er das Gezwitscher des winzigen Helfers. Wenn seine Ohren scharf genug waren, erkannte er, was ihm da geraten wurde:

Wacholderbeer'n und Pimpernell
vertreiben die böse Seuche schnell.

Eine rege Suche herrschte daraufhin im Tal. Die Menschen nahmen das Lied des Pestvögleins ernst, befolgten seinen Rat. Sammelten Wacholderbeeren, zerkauten die violetten Früchte, rupften Pimpernell, gaben es zu den Speisen. Tatsächlich, keiner wurde krank, das Wunder geschah.
Als die Pest sich aber dem Tale näherte, rümpfte sie die Nase. Hasste sie doch die Gerüche, die ihr aus dem Pusterwaldtal entgegentrieben. Solche Gerüche vertrieben ja sogar die Pest!
Kein einziges Opfer wollte sie daher in dieser Gegend suchen.

DER GUTE RIESE

Schreckliche Unwetter suchten in früheren Zeiten das Gebiet des Schöckels heim. Kaum hatten die Bauern ihre Äcker wieder urbar gemacht, zog das nächste, noch fürchterlichere Gewitter auf. Hagelkörner zerstörten neue Saatpflänzchen und den Mut der Bauern. „Wenn ich könnte, würde ich sie verjagen, die bösartigen Wetterhexen", drohte so mancher Bauer, die Faust gegen den Schöckel erhoben. Kaum ausgesprochen waren die Fluchworte, als bereits grelle Blitze auf den kampfbereiten Mann niederzuckten.
Niemand konnte den Schöckelhexen etwas anhaben, so schien es zumindest über lange Jahre.
Übermütig trieben sie ihr Unwesen, wurden immer frecher, immer respektloser den Menschen und ihrer Arbeit gegenüber. Hagelschloten wollten sie an einem dieser Abende schicken, die fruchtbaren Gärten zerstören, die Felder endgültig unfruchtbar machen. So trafen sie sich um das Wetterloch hoch oben auf dem Schöckel.
Das war nun dem ältesten Bewohner des Berges zu viel des Guten. Böse ließ der Riese Vasold seine mächtige Stimme erschallen, derart

drohend, dass die Menschen im Tal meinten, ein Orkan tobe oben auf dem Berg. Die Wipfel der höchsten Tannen bogen sich unter der Kraft seines Atems.

Selbst den Hexen wurde bange, sie flogen so schnell sie ihre Ofengabeln, Heugabeln und Besen trugen, zur Burg Ehrenfels. Dort in dem Turm wollten sie sich verstecken. Tief unten im Klammgraben würde der Riese sie nicht ausfindig machen.

Aber dieser Irrtum kam den Hexen teuer zu stehen. Denn selbst bis Radegund verfolgte der wütend gewordene Berggeist die Frauen, riss mit einem Griff seiner mächtigen Hand den Turm ab, warf ihn in die Höhe.

Wie Fledermäuse flatterten sie auf und davon, die Wetterhexen. Flüchteten vom Schöckelgebiet, ließen sich weit durchs Land tragen. Man sagt, sie hätten sich alle auf dem Stradnerkogel niedergelassen, wo sie seither ihr Unwesen treiben.

DIE RIESEN VOM SULMTAL

Schloss Seggau beherbergte im vierzehnten Jahrhundert zwei mächtige, starke Riesen. Doch nicht Schrecken wollten sie verbreiten. Ihre ganze Sorge galt den Reichtümern, die sie in ihrem Schloss aufbewahrten. Wollten sie ja ein fürstliches, reiches Leben führen, niemals die bittere Armut kennen lernen.

Davon hörte die Herzogin Margarete von Maultasch, als sie in ihrer Gier nach Macht durch das Land zog. Und so begab sich die hässlich anzusehende, kräftige, große Frau in die Gegend von Wildon. Am Ufer des Sees, der die Ebenen fast gänzlich bedeckte, lagerte sie mit ihren Mannen, von ihnen nicht zu unterscheiden. Zu männlich war ihr Gehabe, zu sehnig und gestählt ihr Körper. Die Riesen jagten ihr keine Sekunde auch nur den geringsten Schrecken ein. Zu viele starke Krieger hatte sie bereits zur Strecke gebracht.

Bald erfuhren die beiden Riesen von der drohenden Gefahr. Ein Versteck suchten sie sofort für ihre Schätze. Und fanden es zwischen Landscha und Leibnitz unter einem Hügel in der alten Römerstadt Mureola. Ein Gewölbe aus römischer Zeit wählten sie für ihre Reichtümer. Den Schlüssel bewahrten sie an einem geheimen Orte im Schloss auf.

Doch keine Vorsichtsnahme war der Bösartigkeit Margaretes gewachsen. Nicht des Kampfes bediente sie sich. Ihre Mannen leiteten den See ab. Als nun die Umgebung von Leibnitz überschwemmt war, fanden die beiden mächtigen Riesen den Tod unter den sich wild ergießenden Wassermassen.

Den Schlüssel zum Versteck aber fand die Herzogin dennoch nicht. Hatten ihn die Riesen so gut im Schloss verwahrt, oder trug ihn gar einer von ihnen auf dem Leibe? Dieses Geheimnis nahmen sie zum Ärger der Machthungrigen mit in den Tod.

DER DRACHENTÖTER VON ROTTENMANN

Kam ein Wandergeselle einst ins Paltental, fand er die Gegend rund um den See verlassen und menschenleer vor. Das hatte seinen guten Grund. Ein Drache trieb sein Unwesen,verängstigte die Menschen. Ein Drache, der allen Männern und Frauen Angst einjagte. Schien er doch mit seinem glänzenden Schuppenpanzer, seinen starken, geschwungenen Flügeln unbezwingbar zu sein.
Mit seinem unstillbaren Hunger trieb er Bauern und Tiere in die geheimsten Verstecke. Gleich wohin sie flohen, der Drache spürte sie unterbittlich auf. Jedes seiner Opfer zerrte er zum See. Verschlang Tier und Mensch, ließ sich durch niemanden aufhalten. Viele tapfere Männer hatten bereits versucht, den Drachen zu bezwingen.

Während Angst und Grauen die Menschen erfassten, wuchs der Sohn eines der Kämpfer, die der Drache getötet hatte, heran. Rache schwor er dem Untier. Aus seinem Zorn entstand übermächtige Stärke und der Wille, den Drachen zu besiegen.
Wieder und wieder zog der Drache aus seiner Drachenhöhle, um seinen tödlichen Raub fortzusetzen. Da verkroch sich der junge Mann in einer Felsspalte und lauerte dem Tier auf. Fest umklammerte seine Faust den eisernen Griff des Schwertes. Schon fühlte er die Hitze des Ungeheuers, hörte er das Ungeheuer nahe kommen, schon roch er den höllischen Gestank seines glühenden Atems. Doch nichts konnte seinen Mut verringern. Er stürzte sich auf den Drachen, tötete ihn mit gezielten Schwerthieben. Blut färbte seine Kleider rot. Das Unwesen spie Feuer, wälzte sich brüllend in seinem Blut und verendete.
Jubelnd dankten die Menschen dem tapferen Helden. Als bald darauf auch noch der See abfloss, gründeten sie an dessen Stelle eine Stadt. Die Stadt, in deren Wappen der rote Mann für immer das Böse von den Bewohnern abhalten sollte: Rottenmann.

WANDERNDE GRENZSTEINE

Nicht einfach war es in alten Zeiten, wenn Bauern um die Grenze zwischen ihren Äckern stritten. Der eine wollte die Grenzsteine, die Rua, die der andere setzte, nicht anerkennen. Oft und oft gab es landauf, landab Streitigkeiten.
Schlimm wurde eine solche Auseinandersetzung einst im friedlichen Ratzenau-Gosdorf, nahe der Burg Mureck.
Den einen Tag schlich sich der eine Bauer aufs Feld, wollte die Steine des anderen versetzen. Der andere ertappte ihn bei seinem Vorhaben, doch war er um keinen Deut besser. Denn schon anderentags ging er hinaus, mit den gleichen finsteren Gedanken im Kopf.
Schließlich gelang es dem einen Bauern, den anderen zu überlisten. Er versetzte die Rua ein gutes Stück weit hinein in die Besitzungen des Nachbarn. Da tobte der andere, mitten im Dorf gab es wüste Beschimpfungen und Raufereien zwischen den beiden. Verschüchtert gingen die Halterbuben und -mädchen hinaus aufs Feld, taten ihre Arbeit.
Plötzlich erschreckte sie ein feuerroter Schein, der sich die Grenze der Grundstücke entlangschlängelte. Ängstlich versteckten sich Mädchen und Burschen hinter Bäumen, spähten hervor.
Kleine, feuerumkränzte Männchen waren es, die da ihr Werk als Ruamandln taten. Fleißig brachten sie die Steine an den richtigen Platz, verschwanden erst, als die Besitzgrenze gerecht gelegt war.
Als die streitenden Nachbarn von dieser Geschichte hörten, hüteten sie sich, die Ruasteine nochmals anzugreifen. Denn wer weiß, wer die kleinen Ruamandln zu ihnen geschickt hatte?

DIE SCHLANGENLÄRCHE

Eine seltsame Schar war es, die sich alljährlich im Wurzelwerk einer zierlichen Lärche versammelte. Aus allen Wäldern rund um Rottenmann, aus ihren Verstecken bis hin zum Bösenstein kamen sie. Denn in den Wurzeln wartete er. Der kluge, scharfsinnige König der Zwerge. Heimlich und unsichtbar für die Augen der Menschen huschten die kleinen Wesen über die Wiesen entlang des Strechenbaches.
Leise flüsterte der Bach, sanft begleitete ihn das Rascheln der Lärche. Geheimnisvoll dunkel war der Himmel, wenn die Zwerge ihr Treffen abhielten. Würdevoll und ernst erwartete der Zwergenkönig die Berichte seiner Gehilfen. Verteilte Lob, spendete Anerkennung und lenkte die Aufmerksamkeit der Zwerge auf neue Aufgaben. Denn Hilfe hatten immer viele Menschen nötig.
Eines durfte nie geschehen, das wussten die Zwerge. Kein Mensch durfte je das jährliche Treffen stören. Niemand sollte von den geheimnisvollen Helfern erfahren.
Ein schlauer Bauer aus dem nahen Dorf kannte die große Heilkraft der Nadeln der hübschen Lärche. Und so geschah es. Eines Nachts kam er wie schon oft zu dem Baum, um Nadeln zu holen. Doch es war die Nacht des Zwergentreffens. Als der König den Mann kommen sah, verfluchte er den Baum. Nie wieder sollte eine grüne Nadel seine Äste zieren. Nie wieder sollte ein Mensch den Kreis der Zwerge stören.
Noch heute wirkt der Fluch des mächtigen Zwergenkönigs. Wie Schlangen recken sich die Äste des Baumes verzweifelt gegen den Himmel. Nackt, schwarz und hilflos bittet die Lärche um Erlösung von der Verwünschung.
Niemand kann sie erlösen, niemand dem Baum zu seiner alten Pracht verhelfen. Ob die Zwerge je wieder ein Treffen an dieser Stelle veranstalten, wird kaum jemals ein Mensch erfahren....

WÄCHTER AUF VIER BEINEN

Hoch oben auf einer Mauer des Grazer Schlossberges sitzt ein aufmerksamer Wachhund, hält Ausschau nach Feinden, wird für immer hier über den Dächern Wache halten. Wie wohl ein Hund zur Ehre kam, ein Denkmal zu erhalten?
Als Kaiser Friedrich III. mit dem ungarischen König Matthias Hunyadi in Streit geriet, beschloss er, diesem seine Tochter nicht zur Frau zu geben. Obwohl Prinzessin Kunigunde dem König bereits lange versprochen gewesen war. In Wien erschien dem Kaiser die Prinzessin nicht sicher genug vor dem Ungarn – sicher erschien ihm aber die Burg auf dem Grazer Schlossberg. Da zusätzlich auch noch die Pest in Wien wütete, wurde Kunigunde, begleitet von Leibwächtern, nach Graz gebracht.

Aber Matthias Hunyadi erfuhr vom Plan des Kaisers. 2000 Ungarn bezahlte er, die sich in Graz verstecken mussten. Einen Plan heckten sie aus, mit Spitzeln wollte sie des Nachts die Burg heimlich überfallen, Kunigunde rauben.
Und wirklich fanden sie zwei Männer, die gegen Geld um Mitternacht die Pforte öffnen wollten.
Schlosshauptmann Ullrich von Graben machte eben eine letzte Runde um die Burg, als er durch lautes Hundegebell auf die Gefahr aufmerksam wurde. Innerhalb weniger Minuten waren die Schlosswachen den Ungarn auf der Spur, fassten die beiden Verräter. Die Ungarn waren bald vertrieben, die beiden Spitzel aber wurden im tiefsten Burgverlies gefangengehalten. Dort sollten sie auf ihren qualvollen Tod warten, der ihnen für diesen Verrat wohl gebührte.
Prinzessin Kunigunde wurde von einer starken Abteilung von Soldaten heim nach Wien gebracht. Den treuen Hund aber sollten alle Menschen, die je den Schlossberg besteigen würden, kennen lernen.

VOM TEUFELSVOGEL, DER TSCHAFITEL

Nach Sieding bei Weißenkirchen wollte er, der Johann, zurück zu seinem Grundherrn. Spät war es geworden, übermütig war die Laune des Burschen, als er durch den schmalen Wolfteistl schritt. Hoch über ihm die Burgruine Eppenstein, vom Mondlicht hell erleuchtet.
Da erklang ein schrilles, schreckliches Jauchzen, das den Burschen bald aus allen Richtungen umgab. Nicht verlegen, wenn es ums Jauchzen ging, antwortete der Johann fröhlich. Schneller, immer schneller kam die Antwort aus der Luft, atemlos hielt der Johann mit ihr verzweifelt Schritt.

Unheimlich nahe war das Jauchzen bereits, als er endlich entdeckte, woher es gekommen war. Ein Unwesen mit Vogelgestalt, roten Augen über dem spitz zulaufenden Schnabel, aus dem gierig eine lange rote Zunge sich ringelte wie eine Natter, war der böse Spötter.
Den Leibhaftigen meinte der Johann zu sehen, begann um sein Leben zu laufen, raste wie verrückt vor dem Untier auf dem toten, dürren Baum davon. Doch dieses folgte dem Spötter bereits, hieb mit seinem entsetzlichen Schnabel wie wild geworden auf seinen Kopf ein.
Mit letzter Kraft erreichte der Bursche den Hof seines Herrn, knallte die Tür hinter sich zu, ein letztes, schreckliches Jauchzen im Rücken.
„Die Tschafitel, Johann, da hast Glück gehabt. Denn sie ist der Vogel des Teufels, der keine Spötter duldet. Wärst nicht so gut gelaufen, deine Augen hätte es dich gekostet." Entsetzen war ins Gesicht der Bäuerin geschrieben!
Dem Johann aber blieben die Jauchzer aus, wenn er wieder durch den Wald ging. Denn nichts wollte er weniger, als der Tschafitel je wieder begegnen.

DIE HÖLLENFAHRT DES VORAUER PROPSTES

Ein sturer und unnachgiebiger Mann soll er gewesen sein, der Propst von Vorau. Einer, dem es niemand recht machen konnte, der niemals nachgab, hatte er sich erst einmal etwas vorgenommen.
Vorgenommen hatte er sich einst einen recht absonderlichen Plan. Die schönste, größte Buche aus dem Wald zwischen Vorau und Waldbach wollte er zwischen die Lindenbäume vor dem ehrwürdigen Stift pflanzen. Doch keiner der Bauern, keiner der Jäger oder Förster waren bereit, diese Bitte zu erfüllen. Die Stiftsbrüder lehnten ab.
Vor Wut und Ärger war es dem Propst nur zu recht, als eines Tages ein Fremder im Stift erschien, dem Propst versprach, seinen Wunsch zu erfüllen. Es war ihm auch recht, dem Fremden einen Vertrag zu unterschreiben. Einen, in dem der Propst versprach, nach dem Tode dem Fremden zu gehören.

Schon am nächsten Morgen prangte die Buche vor dem Tor, wurzelte und gedieh prächtig, sehr zur Freude des Propstes. Den Stiftsherren erschien der Baum unheimlich, doch wagten sie keinen Zweifel anzumelden.
Der Tag kam, an dem der Propst von Erden abberufen wurde. Großartig war die Messe, die feierliche Beerdigung sollte eben beginnen.
Da bahnte sich ein Wagen, gezogen von zwei Ochsen, so schwarz wie die Hölle selbst den Weg durch die Menge. Der Fremde war es, der einst die Buche aus dem Wald geholt hatte. Peitschenknallend machte er sich Platz, zeigte den Stiftsherren seinen Vertrag, lud den Sarg auf seinen Karren.
Die Räder des Karrens dröhnten durch den Stiftshof, als der Wagen wendete. Schnurstracks zum Buchenwald fuhr er, gefolgt von schaulustigen Menschen. Doch was dort geschah, überstieg die Grenzen ihrer Vorstellungskraft. Mit Getöse öffnete sich die Erde, der Karren samt Fuhrmann und Propst wurde verschlungen, verschwand. Nur kleine blaue Flämmchen fanden ihren Weg an die Erdoberfläche, waren Botschafter des ewigen Feuers.
An manchen Tagen, so erzählen sich die Menschen, züngeln im Buchenwald immer noch kleine blaue Flämmchen, die erst bei frommen Gebeten verschwinden.

DER STUMME SPRICHT

Schlimm war es gewesen, das Schicksal der Gräfin Hemma von Friesach und Zeltschach. Zwar besaß sie alle Güter, allen nur möglichen Reichtum. Aber den Mann, den sie liebte, nahm ihr das Schicksal früh.

Sie zog sich in ihre weiten Besitzungen in der Obersteiermark zurück, bestimmte von dort aus einen Teil ihres Vermögens für den Bau des Stiftes Gurk.

Aber auch am Donpass, am linken Ufer des Flusses Enns, wollte sie ein Kloster errichtet sehen. Dieses bestimmte sie für die Benediktiner, dort wollte sie den Benediktinermönchen Ruhe und Möglichkeit zur Ausbildung vieler junger Männer geben.

Bald schon stand sie mit dem Erzbischof Gebhard, der eigens aus Salzburg gekommen war, an der Stelle, an der das Stift einst thronen sollte. Nicht weit war der Ort von ihrem Schloss Purgstall, so war ihr der Ausblick zum Stift geschenkt.

Als aber der Erzbischof den Grundstein legen wollte, kam ein alter Mann dahergehumpelt, gebot mit flehenden Händen Einhalt. Der Taubstumme war es, der sein Leben lang noch kein Wort gesagt hatte. Der stets nur seine Hände zur Verständigung benützte. Der Erzbischof sah den Taubstummen fragend an, schien nicht zu verstehen, was er ihm bedeutet hatte.
Da geschah das Wunder. Der Mann sprach zum ersten Mal in seinem Leben, bat den hohen Priester, das Stift am anderen Ennsufer zu erbauen. Weitere Fragen wollte der Bischof stellen, doch der Mann war wieder seiner ewigen Stille verfallen.
Die gläubige Gräfin nahm das Ereignis als Zeichen, befahl den Bau an der genannten Stelle. Bald schon prangte das weitläufige Kloster dort. Nur kurze Zeit danach geschah es, eine entsetzliche, wilde Flut der Gebirgsbäche zerstörte den Ort, an dem Admont gebaut hätte werden sollen. Dankbarkeit wurde dem Taubstummen vom Himmel gewährt. Denn als der Erzbischof Gebhard im Stift Admont begraben wurde, begleitete ihn der Mann. Kaum hatte sich der Sarg geschlossen, da hörte und sprach er. Doch diesmal verstummte er nicht mehr.

BESUCH VOM ALBERER

Längst war der Herbst ins Land gezogen, Martini stand vor der Tür. Da bemerkte die Schwaigerin das Fehlen einiger Geräte, die auf der Alm geblieben waren. Sie brauchte die Geräte, doch war ihr recht bang. Denn um Martini, so erzählten die Greisinnen im Dorf, trieb der Alberer sein Unwesen. Keine rechtschaffene Frau sollte sich zu dieser Zeit allein hinauf auf die verlassene Alm wagen.
Doch es half nichts. Alles Zögern und Zaudern war vergebens, die Schwaigerin musste sich im kühlen Novembernebel auf den Weg machen. Kräftig schritt sie aus, zügig gelangte sie zur Almhütte. Aber es war bereits dunkel geworden, als sie die schützende Decke über sich zog, und sofort vor Müdigkeit einschlief.
Fröhliches Singen störte den wohlverdienten Schlaf. Ein Gstanzl war es, das die Schwaigerin hörte, eines, das die Jäger gern am Fenster ihrer Mädel sangen. „Der Alberer kommt", dachte die Frau verzweifelt, und wagte sich nicht ans Fenster.
Sie sollte Recht haben, denn da polterte, krachte es bereits. Die Tür der Almhütte flog mit einem Knall auf, der Alberer ging zum Herd und

entfachte ein prasselndes, knisterndes Feuer. Die Frau zitterte, bangte um ihr Leben, wusste nicht, wie ihr geschah.
Der Alberer aber ging festen Schritts in die Milchkammer. Dort schlug er Butter, käste und verhielt sich ansonsten friedlich und ruhig. Dann schritt er gemächlich zum Herd, nahm eine große Pfanne vom Haken an der Wand. Er kochte, kochte ein Schmalzkoch. „Aufstehen, das Essen ist fertig!", rief er nach einer Weile.
Nichts anderes blieb der Frau, als seinem Ruf zu folgen. Denn wer weiß, was der Alberer sonst mit ihr getan hätte! Mit diesem Berggeist war nicht zu spaßen. Sie vermied es, ihn anzusehen, setzte sich auf die rohe Holzbank. Drückte sich weit in die Ecke, nahm den Löffel zur Hand.
Wie sie es gewöhnt war, schlug sie ein Kreuz über die verkohlte, schwarze Speise. Siehe da, die Speise duftete plötzlich wunderbar – und der Alberer war verschwunden.

VOM ANNAKREUZ

Schön ist der Ausblick vom Weizberg heute noch. Doch nur an sonnenhellen, klaren Tagen ist der Blick ins Land möglich. Dunst, Nebel verschleiern allzu oft die Hügel rundum, die stattlichen Häuser, die grünen Gärten der Stadt Weiz.
Zur Zeit der Türkenbelagerungen war es. Machtgierig wollten die feindlichen Krieger hinauf auf den Weizberg rücken, die Stadt einnehmen. Gar reich und schön, voll von wertvollen Schätzen erschien ihnen die Gegend. Die prächtige Kirche hoch oben war ihr Ziel. Dort wollten sie nach dem Sieg ihr Lager aufschlagen, ein Fest feiern, das Gott und seiner Herrlichkeit spotten sollte.
Das Heer rückte vor, es kämpfte sich den Weg zur Anhöhe empor. Nichts schien sie vom geplanten Sturm auf das Gotteshaus abzuhalten.
Außer die Hilfe Gottes, um die die Bewohner vom Weizberg, in ihren Häusern verschanzt, beteten. Und wirklich kam in letzter Minute Hilfe von oben. Dichter Nebel fiel ein, versteckte die Kirche vor den Augen der Muselmanen. Gerade in dem Augenblick, als die Türken den Gottesacker vor der Kirche erreicht hatten.
Dumpf begannen die Glocken der Kirche zu klingen, um dann dröhnend zu läuten. Unheimlich war den Ungläubigen dieser Ton. Sie ergriffen feige die Flucht, verließen die Gegend so schnell es ihnen möglich war. Voll der Angst griffen die türkischen Krieger kein Haus mehr an, berührten keinen Stein in der gesamten Umgebung mehr. Zurück kehrten sie niemals an den Ort ihrer Niederlage.
Dankbar sammelten die Bewohner von Weiz. Reichlich spendete selbst der Ärmste von ihnen. Ein Kreuz ließen sie vor der Abzweigung zum Friedhof errichten, das Annakreuz. Jeden mochte es für alle Zeiten erinnern, wie groß Gottes Güte gewesen war.

SCHÜSSE, DIE SICHER TRAFEN

Nahe Hohentauern lebte einst ein wohl schmucker Jägersmann, dem die Jagd über alles ging. Die Pirsch, das Anschleichen, das Wittern und Aufspüren des Wildes war sein ganzes Leben.
Wie prahlte er stets mit seinen unermesslichen Jagderfolgen, wie stolz trug er seine Trophäen zur Schau: Den schmucken Gämsbart, die wilden Hauer des Ebers an seiner Kette. Keiner, so meinte er, könne ihn an Jagdgeschick und Jagdglück jemals übertreffen.
Besonders reizte ihn das flinke Wild, das weit über die zackigen Felsen sprang. Das zu erlegen zeigte den wahren Jäger, den Weidmann.
Einst aber geschah dem Jäger etwas, was er sein Leben nie mehr vergaß.
Gerüstet zur Jagd mit blank geputzter Flinte, die Kleidung wohl zur Jagd passend, verließ er sein Haus. Da sah er von den Felsen etwas herabspringen. Die Flinte war blitzschnell gezogen, der erste Schuss traf sicher. Doch weiter sprang das vermeintliche Wild. Nochmals zog der Schütze auf, traf gezielt. Das Tier sprang weiter, weiter, weiter, fiel vor seine Füße.
Wie groß war das beschämte Entsetzen des Jägers!
Einen Brotlaib hatte er gejagt, den die Bäuerin vom Nachbarshof ins Tal bringen hatte wollen. Nichts anderes als einen Brotlaib!
Vergessen durfte er die Schande nie, denn ab diesem Tag nannten die Menschen sein Haus mit recht viel Spott das „Haus zum Brotjäger".

DIE RITTER VON KLÖCH

Im 14. Jahrhundert erblühte die Burg Klöch zu voller Schönheit und Pracht. Denn ihr Wert für die fruchtbare Gegend war ein großer. Schirmte sie doch das Land ab vor den schrecklichen Einfällen der Ungläubigen aus dem ungarischen Gebiet. Keinen Angriff machte ihnen die wachsame Burgherrschaft möglich.
Doch Jahrzehnte später war es, da fiel die Burg in den Besitz eines mutwilligen Raubrittergeschlechts. Kein Reisender war sicher vor dem Verlust seines Hab und Guts, keine Burg, kein Schloss der Umgebung war vor den Angriffen der habgierigen Raubritter sicher.
Je mehr die Burg äußerlich an Pracht verlor, desto mehr Prächtigkeiten sammelten sich in den tiefen, großen Kellern des Gebäudes. Geschmeide, Goldmünzen, Kostbarkeiten lagerten zuhauf. Zufrieden stiegen die Raubritter ab und an in ihre geheimen Verstecke, ließen wohlig schauernd die Reichtümer klirren und klingen.

Die Burg aber vernachlässigten sie mehr und mehr. Langsam verfiel das einst so trutzige Gebäude, wurde zur Ruine, als der Letzte des Geschlechts der Raubritter seinen Weg ins Jenseits angetreten hatte.
Einer von ihnen aber fand keine Ruhe. Zu gierig war er zu Lebzeiten gewesen, zu habsüchtig sein Charakter. Wird die Burgruine vom hellen Vollmond beschienen, nimmt der verfluchte Geist sein Schwert zur Hand, umkreist suchend die Ruine.
Lässt ihn die Angst um sein Diebsgut nicht schlafen, folgt er den Spuren der Wanderer, die harmlos die Schönheiten der Hügel und Wälder genießen wollen. Betritt einer gar die Ruine, so fasst ein unheimlicher, starker Arm nach ihm, zieht ihn hinab in den dunklen Schlund der Erde. Im finsteren Burgverlies mag schon so mancher friedliche Spaziergänger so sein Ende gefunden haben.

DIE HAND ZU WEIT AUSGE-STRECKT

Nach Neudau, dem Schloss im Pfarrdorf Neudau, nahe von Fürstenfeld, kam einst ein Mädchen. Arbeit wollte es finden. Es war sauber und unbescholten, und wurde vom Schlossherrn gern in den Dienst genommen. „Ein liebes, frommes Mädchen", so lobte es die Schlossherrin bereits nach wenigen Wochen.
Und so fiel auch nicht der leiseste Verdacht auf das Mädchen. Obwohl im Schloss immer öfter Diebstähle aufgedeckt wurden, immer wertvollerer Zierrat und Schmuck einfach verschwunden war.
Dies hielt an bis zur Christnacht. Die Dienerin blieb im Schlosse, während die Herrschaften zur Mette gingen. Sie sollte das Gut der Familie bewachen.
Doch kaum hatte die Herrschaft das Schloss verlassen, öffnete das Mädchen den ersten Schrank. Streckte die Hand hinein in die reichen Güter, die hier verschlossen lagen.

Da schlug es von der Pfarrkirche Mitternacht. Beim letzten Schlag fuhr eine glühend heiße Hand aus dem Schranke, umfing den Ärmel des Mädchens. Schreiend vor Schmerz, versuchte es, sich zu befreien. Dann fiel es in Ohnmacht, lag vor dem Schrank.
Als nun die Besitzer des Schlosses heimkamen, brachten sie die Dienerin zu Bett, verschwendeten auch nicht einen Gedanken daran, dass sie es gewesen wäre, die all die Diebstähle begangen hatte.
Doch krank vor Angst lag das Mädchen von diesem Tage an im Bett, und konnte nicht mehr gesund werden.
Als es nach wenigen Tagen starb, sagten die Angestellten des Schlossherrn: „Das war ein Zeichen. Hatte wohl die Hand zu weit ausgestreckt, das diebische Mädchen." Das Hemd, nach dem die brennende Hand gegriffen hatte, brachten sie in die Schlosskapelle. Dort sollte es alle warnen, nicht tief in anderer Säckel zu greifen.

… UM DIE HAND HELENAS

Im Rauberhof, neben dem Reckturm in Graz, lebte im 16. Jahrhundert der stattliche Freiherr Andreas Eberhard von Rauber. Nicht nur stattlich von Größe war dieser starke Edelmann. Tapfer und mutig begleitete er Maximilian II. in all seinen Schlachten. Gar mancher Sieg war seiner Umsicht und Klugheit zuzuschreiben.
So versprach Maximilian dem Freiherrn die Hand seiner Tocher Helena. Aber noch konnte der Kaiser das letzte Wort nicht sprechen. Denn ein zweiter adeliger Freier kam aus Spanien und bat um die Hand Helenas.
Nur ein Zweikampf konnte nun entscheiden, wer künftig Ehemann der schönen Helena werden sollte. Blut wollte Maximilian allerdings kei-

nes fließen sehen. So entschied er, dass sich die Freier im Ringkampf einander stellen sollten. Der Stärkere von beiden sollte den Schwächeren in einen Sack stecken. Zum Ort des Kampfes wurde der Tummelplatz in Graz bestellt.
Seinen bodenlangen Bart zu zwei dicken Zöpfen geflochten erschien der Freiherr von Rauber mit einem riesigen Sack vor dem Kaiser, dessen Tochter und dem gesamten Gefolge. Ihm gegenüber stand der Spanier, stolz aufgerichtet, seinen Sack in der Faust haltend.
Ein ausgewogener Kampf begann, die Kräfte der beiden Edelmänner hielten einander die Waage. Doch unvermittelt stürzte sich Freiherr von Rauber unter dem Jubel der Menge endlich auf den Gegner, warf ihn zu Boden, stülpte ihm den Sack über. Lachend und glücklich übergab er den Sack dann seinem Kaiser.
Dieser legte ihm zum Lohn die Hand der Helena in die seine. Ein prächtiger Hochzeitszug folgte den beiden in die Kirche. Die Trauung wurde vollzogen, tagelang dauerten die Feierlichkeiten.
Der Spanier verließ die Stadt, zog heimwärts und trat in ein Kloster ein. Den Rest seines Lebens wollte er Gott widmen.

IN DIE IRRE GEFÜHRT

Dichter Wald bedeckte in den alten Tagen den Nordhang des Scheuchecks. Wald, der saftige Beeren, nahrhafte Pilze und Holz für die Armen aufbewahrte. Denn diese kannten den Weg von Hieflau durch den Graben nur zu gut.
So zogen eines Morgens die Kinder einer armen Familie mit töpfernen Krügen hinaus in den Waaggraben. Fröhlich lachend, einander neckend, machten sie sich auf, möglichst viele der köstlichen Schwarzbeeren zu pflücken. Schwarzbeerflecken hatte ihnen die Mutter versprochen, und diese Leckerei liebten die Kinder.
Fleißig bückten sie sich also, pflückten, sicher nicht ohne zu kosten, waren bald blau verschmiert im ganzen Gesicht. Die Krüge füllten sich, die Kinder waren zufrieden.
Langsam senkte sich die Sonne, als sie vorsichtig den Hang hinunter zum Graben stiegen. Den Weg kannten sie genau, bald würden sie die elterliche Keusche sehen. Bald schon würde es aus dem Fenster nach der Süßigkeit duften.

Doch eine Irrwurzel wollte es anders. Den Kindern legte sie sich haarscharf vor die nackten Füße. Eines nach dem anderen trat darauf.
Und so verloren sie den Weg, die Richtung. Statt vor ihrem Elternhaus fanden sie sich auf einer Lichtung wieder. Eine blühende Wiese bot sich ihren staunenden Augen.
Ringsum im Gras verstreut fanden die Kinder kleine Scheibchen wertvoller Holzkohle, Braschen. Würde sich der Vater freuen, wenn sie ihm die brächten!
Eifrig hoben die Buben die Stücke auf, sammelten sie in den Schürzen der Mädchen, bis diese aufgebläht waren von der Last.
Plötzlich wussten sie den Weg nach Hause wieder, fanden in kurzer Zeit den Graben, eilten glücklich heim.
Doch welches Wunder erwartete die kleine Familie da. Denn nicht nur reichlich Beeren hatten die Kinder heimgebracht. Als die Mädchen ihre Schürzen vor dem Kamin entleerten, verwandelten sich die Braschen in lustig klimpernde, funkelnde Silberstücke.
Die Armut hatte ein Ende gefunden, den Eltern war es nun ein Leichtes, ihren Kindern ein zufriedenes Leben zu schenken.

VOM JAUCHZENDEN BAUER UND SEINEM KREUZ

Ein fröhlicher Mann war er immer schon gewesen, der Moosbacher – ein Bauer, den jeder in der Gegend gerne jauchzen hörte. Ihm gehörte wohl eines der schönsten und prächtigsten Gehöfte auf dem Moosbachbühel. Das gesündeste, beste Vieh nannte er sein Eigen. Und sein Geschick beim Handeln war weithin bekannt.
Was also konnte sein Glück stören, wenn nicht sein Weib? Sein Weib, das nichts mehr hasste, als sein lautes, vergnügtes Jauchzen.
Also ging der Moosbacher stets ins nahe Gasthaus, wenn ihm ein Viehhandel wichtig erschien. Der Dorfwirt freute sich immer, ihn zu sehen, in der Aussicht, mit ihm lange, lustige Nächte zuzubringen. Fanden sich gar noch einige andere fröhliche Gesellen, so konnte die Nacht bis in den Morgen dauern. Erst nach den Rufen des Hahnes aus dem nahen Hof machte sich der Moosbacher auf den Heimweg.
Jauchzend vor Freude über den guten Handel, die Gesellschaft, die seinen Schnurren aufmerksam gelauscht hatte, spazierte er dahin.
Doch daheim, das wusste er, durfte ihm im ehelichen Schlafraum kein Jauchzer mehr auskommen. Zu schlecht wäre die Laune seiner Frau für den Rest des Tages dann gewesen.
So blieb er nach jeder durchzechten Nacht am Bühel vor dem Kreuze stehen, jubelte, dass ihn die ganze Umgebung hören konnte. Doch bis ins eheliche Schlafgemach konnte das Jauchzen nicht dringen.
Hinter vorgehaltener Hand aber schmunzelten die Leute, nannten das Kreuz schon bald das Jauchzerkreuz.
Und das ist bis heute so geblieben.

DER KAPFENSTEINER

Versteckt vor den Augen der Menschen, steht Schloss Kapfenstein auf dem höchsten Punkt des Berges. Nur an einer Seite öffnet sich der Blick hinaus ins Land.
Lange Jahre besaß der Herr von Schloss Kapfenstein bereits dieses Land. Doch niemals war er allein über die Hügel geritten. Stets begleitet von Dienern und Wachen begegnete er seinen Untertanen. Freundlich und untertänig buckelten die Menschen vor ihm. Ins Auge getraute sich ihm keiner zu sehen.
Seltsam erschien dem Kapfensteiner das Verhalten der Bauern und Bäuerinnen. Wollte er doch, dass sie sich in seinem Gebiet glücklich und zufrieden fühlten. Wie aber sollte er das je erfahren?
Eines Abends, als der Mond die Gegend nicht erhellte, schlich der Kapfensteiner, in einen schwarzen Mantel gehüllt, den Kopf von einem riesigen, schwarzen Schlapphut bedeckt, eine geheime Stiege hinab. Von niemandem bemerkt, ritt er davon.
Kam er zu einem Gehöft, schaute er durchs Fenster, sah den Menschen bei der Brotzeit zu. Ärmlich war das, was auf dem Tisch bereitstand. Brot, ein Ranken Speck, Käse. Und Krüge mit Wasser und Wein.

Keine der Familien bemerkte den Besuch. Doch in einem Haus stand eben der kleinste Bub beim Fenster, als sich der Kapfensteiner vom Pferd schwang. Der Bub begann zu brüllen, zu weinen und zu schreien. Hatte ihm doch der Vater oft gedroht, der schwarze Mann werde ihn holen. Und jetzt stand da der schwarze Mann, rief zwar beruhigend: „Keine Angst, ich bin's, der Kapfensteiner!“, doch der Bub beruhigte sich nicht. Da ritt der Schlossherr schleunigst fort.
In der Gegend aber sagten die Eltern den schlimmen Buben und Mädchen nun des Öfteren: „Sei brav, sonst kommt der Kapfensteiner.“ Keiner hat je verstanden, was den Schlossherrn wirklich zu seinem nächtlichen Ritt getrieben hatte.

VOM PESTHAKEN

Stattlich und weit ist er, der Innenhof des mächtigen Stiftes St. Lamprecht. Still und friedlich wird es in einem, der diesen Hof ruhigen Schrittes durchquert. Knirschende Steinchen unter den Füßen lenken den Ruhe Suchenden.

In diesem Stift lebte einst ein Priester, Pater Virgil Lenz. Beliebt im Ort bei jedem, immer ein freundliches Wort, einen gut gemeinten Rat auf den Lippen. Keine Sonntagspredigt wollten die Menschen versäumen. Denn stets fanden sie Rat und Hilfe in Pater Virgils Worten. Rat und Hilfe hatten sie zu seiner Zeit bitter nötig. Denn der schwarze Tod hatte vor dem geschützt gelegenen Ort nicht Halt gemacht. Auch der Segen des stolzen Klosters schien machtlos gegen den Fluch der Pest. So rafften die blauen Beulen einen lieben Menschen nach dem anderen dahin. Fieber, Beulen und Eiter trieben die Menschen mehr denn je in die Kirche der Abtei. Pater Virgil musste Rat wissen, das stand für sie fest. Und wirklich, selbst in dieser schrecklichen Lage konnte er helfen. Eindringlich riet er den Hilfe Suchenden, sie sollten die Toten mit eisernen Haken aus den Häusern ziehen, sie ja nicht berühren.

Die Gläubigen gingen heim, der Schmied machte sich sofort an die Arbeit. Riesige Haken an langen Stangen stellte er her. Tag und Nacht wurden für ihn eins.
Als er die Haken fertig gestellt hatte, eilte er voll Stolz zum Stift St. Lamprecht. Dem Pater wollte er den ersten Haken zum Geschenk machen. Doch welche Trauer kam in ihm auf, als er mit dem liebevoll gefertigten Gerät den ersten Toten aus dem Kloster holen musste. Pater Virgil war Opfer der Seuche geworden. Ein langer Zug trauernder Menschen folgte dem Schmied, denn die traurige Nachricht eilte schnell von Gehöft zu Gehöft. Weinend verabschiedeten sich die Menschen von ihrem Vater.
Seinen Rat aber befolgten sie. Bald kam die Pest zum Stillstand, fand kein Opfer mehr. Die schlechten Zeiten vergaßen sie irgendwann, die Bewohner von St. Lamprecht. Dem Pater Virgil aber hielten sie treues Gedenken.

OB DER TEUFEL DIE HAND IM SPIEL HATTE?

Gar geizig war sie, die Marie. Als schlechte Zeiten Landscha, das kleine Dorf in der Gegend von Weiz, plagten, wuchs ihre Habgier tagtäglich. Die Milch wässerte sie täglich ein bisschen mehr, in den Rahm sprudelte sie gar Mehl. Mehr Gold, mehr Dukaten wollte sie. Den Anrainern fiel wohl auf, wie schlecht die Milch, der Rahm waren. Doch den Hunger stillten sie trotzdem.
Sobald es den Menschen aber wieder besser ging, kaufte keiner mehr die schlechte Ware. Fluchend stand die Marie im Stall vor dem Milchkübel, die Tränen der Wut in den Augen. Plötzlich stand ein Männchen vor ihr. Durch die geschlossene Tür musste es gekommen sein, da die Marie immer gut abschloss, wenn sie Milch wässern wollte.
Das Männchen lachte, nahm ein Säckchen aus der Joppe, streute es in die Milch.
„Rühr um!", befahl es der Bäuerin. Das tat sie. „Wenn du immer zu mir kommst, schenk ich dir gar meine Seele, bei meiner Ehr!", sagte Marie.
Und wirklich kam das Männchen täglich in den Hof. Den besten Rahm gab es von nun an nur noch bei Marie. Ihr Reichtum wuchs, war schon mehr als Wohlstand.

Denn von weit her kamen die Menschen zu ihr, um einzukaufen.
Eines Tages fühlte Marie das Alter nahen. Angst erfüllte sie plötzlich, Angst vor ihrem Versprechen. Verzweiflung trieb sie sogar in die Kirche, wo sie dem Pfarrer gestand, wie es um sie stand. Tröstend legte der Geistliche die Hand auf ihre Schulter und gab ihr einen Rat.
Abends, als das Männchen erneut im Stall auftauchte, befolgte Marie den Rat. Sie holte das Kruzifix aus der Schürzentasche, sprengte etwas Weihwasser aus einem Becher über den Stall.
Rauchend vor Wut, verschwand das schimpfende, kleine Männchen.
Marie aber gelobte, bis an ihr Lebensende den Armen zu helfen. Wie sehr waren die Menschen über ihre Wandlung erstaunt. Doch mit der Zeit lernten sie die alte Frau sehr schätzen und vergaßen alles Vergangene.

DIE SCHLANGENBRAUT

Lange Zeit schon war Hannes entlang der Mur gewandert. Schön war der Fluß hier oben, noch wild und ungezähmt klatschte das Wasser gegen die Felsbrocken am Ufer.
Plötzlich zischelte es gefährlich neben Hannes. Über einen hohen Felsbrocken glitt mühsam eine wundervolle Schlange. Ihr seltsam gezeichnetes Schuppenkleid hatte sich an einer Ritze verhängt. Vorsichtig, um das Tier nur ja nicht zu verletzen, löste Hannes die Schlange vom Felsen.
Was nun geschah, verwunderte den Mann. Die Schlange folgte jedem seiner Schritte, verlor ihn nie aus den Augen. Die Anhänglichkeit des Tieres berührte Hannes, er gewann seine Begleiterin lieb.
Bei einer Rast, nahe dem Ursprung der Mur, stellte sich die Schlange vor ihm auf. „Heirate mich, du wirst es nie bereuen“, sprach sie ihn an. Zögernd bat Hannes sie nun, Geduld zu haben. Geduld, bis zu dem Zeitpunkt , an dem er sich entscheiden könnte.
Die Schlange verstand sehr wohl den Sinn dieser Worte. Blieb lautlos neben ihm, begleitete ihn auf all seinen Wanderungen.
Dann war der Tag gekommen. Der Tag, an dem Hannes sich entschlossen hatte. Die seltsamste Hochzeit fand bald darauf in seinem Heimatort statt. „Seht nur, eine Schlangenbraut! Welch wunderlicher

Mensch, der solch ein Tier zur Frau nehmen will!", tuschelten die Gäste.
Während der Trauung hob die Schlange ihren Schweif und reichte Hannes einen goldenen Ring. Den steckte er an seinen Finger.
Lange noch feierten die Gäste im alten Gasthaus am Fluss, ergötzten sich an den köstlichen, frischen Forellen, tranken den klaren Schnaps. Doch klug war keiner von ihnen aus dem Entschluss des Hannes geworden.
Spät nachts verließen Hannes und seine Schlangenbraut das Fest, legten sich in die weichen, weißen Kissen des Ehebetts. „Schlaf nicht ein, warte, bis die Kirchenglocken die Mitternacht einläuten", bat die Schlange. Und Hannes tat, worum sie ihn gebeten hatte. Er wachte neben ihr, drehte an dem Goldreif an seinem Finger.
Der zwölfte Schlag war eben verklungen. Die Schlange war verschwunden. An ihrem Platz lag glücklich lächelnd eine wunderschöne Frau, deren langes Haar bis zu den Hüften reichte.
Wie staunten die Menschen im Dorf, als die beiden am Morgen das Gasthaus verließen. Hand in Hand, zufrieden strahlend. „Ein schönes Paar", flüsterten sie „der Hannes hat etwas gewusst, was uns verborgen geblieben war."

DER SONNTAGSBOCK

Oben auf dem Stradnerkogel war er wohl einer der angesehensten Männer, der alte Jagdaufseher, der streng über seine Wälder wachte. Jeden Baum, jeden Strauch in seinem Revier kannte er. Wusste, wo die schönsten, stolzesten Böcke ihr Versteck hatten.
Auf eines jedoch hatte der alte Jagdaufseher stets geachtet. Niemals an einem Sonntag auf die Pirsch zu gehen. Der Sonntag war ihm immer heilig gewesen. Bis ihn eines Tages der Übermut packte. Einmal in seinem Leben wollte er den kräftigsten Bock erlegen.

Die Büchse geschultert, schlich er durch sein Revier, vernahm jedes noch so leise Geräusch. Und hörte endlich das vertraute Rascheln im Unterholz. Blitzschnell legte er die Flinte an, zielte, schoss. Der Fall der Beute wurde vom Krachen des Holzes bestätigt. Der Jagdaufseher eilte neugierig zum Gebüsch, teilte die Äste und ergriff in Panik die Flucht.
Nicht einen mächtigen Bock hatte seine Kugel getroffen. Ein junger Mann lag tot im Unterholz.
Die Büchse auf der Schulter, erreichte der Mann schweißgebadet den engen, kurvigen Weg. Wollte ihn überqueren, da schreckte ihn eine Stimme auf. Die Stimme eines jungen Mädchens: „Hast den Hans getroffen, Jagdaufseher? Ich warte schon so lange auf ihn!"
Kein Laut kam aus der Kehle des Mannes, er rannte wie vom Blitz getroffen den Weg hinaus ins Land. Zurück zum Stradnerkogel kehrte er nie wieder.

DER SCHATZ IM WEINBERG

Der Weinberg, der sich über den Hang des Stradnerkogels zog, war der ganze Stolz des alten Mannes. Liebevoll pflegte und hegte er ihn. Leiser und langsamer begann eines Tages seine Lebensuhr zu ticken. Nun konnte er die Reben nur noch vom Fenster aus betrachten. In seinen letzten Minuten standen seine drei Söhne rund um sein Bett. „Im Weinberg", flüsterte der Mann, „im Weinberg ist ein Schatz vergraben." Verlegen drehte der Jüngste seine Kappe in der Hand, forsch fragte der Älteste: „Wo sollen wir ihn suchen, Herr Vater?" Doch der Alte zeigte mit seinem spindeldürren, knochigen Finger nur noch hinaus auf seinen geliebten Hang und starb.

Tag für Tag waren die drei Burschen nun im Weinberg. Sie gruben, sie hackten die Erde auf, sie wühlten mit den Händen in der Erde. Nichts, nirgends auch nur ein winziges Zeichen eines Schatzes. Kein Taler, kein Ringlein, kein Goldstück war zu finden.
Verdrossen gaben die drei ihre Suche auf. Der Herbst war langsam herangeschlichen, die Blätter der Bäume rotgolden geworden. Und an den Reben hingen saftige, pralle Trauben in Hülle und Fülle.
„So reich ist die Ernte noch niemals gewesen", meinte der mittlere Sohn. „Mir scheint, der Herr Vater wollte uns zu einem Schatz besonderer Art führen. Zu Reichtum, der aus unserer Hände Arbeit stammt."
Als der jüngste und der älteste Sohn die Fässer im Weinkeller gezählt hatten, mussten sie dem Bruder Recht geben. Niemals würden sie den Rat des Vaters vergessen, das schworen sie einander.

DAS DACHSTEINWEIBL

Viele Bergsteiger wollten hoch hinauf, hinauf auf die schroffen Felsen des Dachsteins. Jeder mochte es, das Gefühl, wie einer der wilden Vögel hinunter ins Tal zu schauen. Fühlte sich als Sieger, wenn er die Eisfelder überwunden hatte.
Stieg einer fröhlich durch die Wände, bei schönstem Wetter, herrlichem Sonnenschein, blauem Himmel, so brauchte er den Berg nicht zu fürchten. Doch begegnete ihm dabei ein hässliches, krummes, altes Weib, so wurde seine Lage bestimmt ernst und gefährlich.
Denn kaum war die Alte verschwunden, zuckten mächtige Blitze über den Himmel. Donnergrollen scheuchte die Adler in ihren Horsten auf, jagte die Gämsen talwärts. Innerhalb weniger Minuten war der Dachstein zur Hölle geworden. Zur Hölle für den, der ihn gerade noch in vollen Zügen genossen hatte.
Überlebte der Wanderer das teuflische Wetter, so suchte er schnellstens den Abstieg. Verwundert fragte er unten im Tal, wer denn die Alte gewesen wäre.
Und hörte die schreckliche Geschichte einer schönen Sennerin. Die einst so ungestüm gewesen, dass alle anderen Frauen sie verfluchten. Gewann sie doch jedes Mannes Herz. Ließ es nie wieder zur Ruhe kommen. Als einst ein Bräutigam die Braut am Tag der Hochzeit verlassen hatte, um der Sennerin zu folgen, rief die Braut nach dem Teufel. „Der Teufel wäre wohl der beste Bräutigam für sie!"

Schlagartig hatte sich da eine Wandlung mit der Sennerin vollzogen. Eine Greisin war sie innerhalb weniger Minuten geworden. Eine Greisin, die hilflos auf den Eisfeldern nach ihrem höllischen Bräutigam suchen muss, solange dieser stolze Berg besteht. Eine, die jedem, der ihr begegnet, das Unglück herbeiholt, das Unglück in Form der schrecklichsten Unwetter.

DIE KIRCHE IM FENTSCHER MOOS

Freundlich grüßte vor vielen, vielen Jahren die Kirche Maria im Moos die vorüberziehenden Wanderer und Wandergesellen. Für jeden, der Hilfe suchte, stand die Pforte der Kirche offen. Gar mancher, der erschöpft vom langen Weg war, suchte nachts in ihrem Inneren einen Unterschlupf. Viel zu weit erschien ihm dann der Weg ins nahe Knittelfeld. Ein Wandergeselle verließ seine Heimat, und gelobte in der Kirche Maria im Moos, als wohlhabender Mann nach Knittelfeld zurückzukehren. Lange Jahre blieb er aus, fleißig und pflichtbewußt arbeitete er. Wollte schließlich sein Versprechen einlösen. Eines Tages war es so weit. Der Mann trat den Heimweg nach Knittelfeld an.

Freute sich wochenlang auf den Augenblick, an dem er in seiner Kirche niederknien würde. Dem Marienbild stolz von seinen Erfolgen berichten würde. Dann gelangte er ans Fentscher Moos. Wo ihn einst der Kirchturm auf seinem Weg hinaus in die Fremde gegrüßt hatte, war nun nichts mehr. Die Kirche war versunken. Eines Morgens war sie für immer verschwunden gewesen. So berichteten ihm die alten Eltern, die ihn daheim erwartet hatten.
Lange Zeit suchten die Menschen nach ihrer Trost spendenden Kirche. Doch die Erde gab sie nie wieder zurück.

RAUBRITTER VOR GABELKOFEN

Fromm war er und ein guter Edelmann, der Ritter von Gabelkofen. Von allen Dienern wurde er geliebt, beschützte er seine Untertanen doch liebevoll und mit viel Güte. So hätte das Leben wohl schön und friedlich sein können auf Schloss Gabelkofen.
Hätten da nicht drei Raubritter, die Ritter von Fohnsdorf, Rattenberg und Reifenstein, ihr Unwesen getrieben. Angst und Schrecken verbreiteten sie unter den Bauern, den Kaufleuten.
Nichts ließ der Herr von Gabelkofen unversucht, keine seiner Bitten an die Raubritter fand je deren Gehör. Verzweifelt überlegte der Ritter von Gabelkofen, was zu tun bliebe.
Da fiel ihm eine List ein, mit der er die drei wüsten Ritter besiegen wollte, ein für alle Mal. Er ließ die Nachricht von der Ankunft reicher Judenburger Kaufleute auf ihrem Heimweg von Geschäften mit reichen Erträgen in Wien verbreiten.

Und so kam eines Abends ein Trupp Wagen gefahren. Zwischen Zeltweg und Judenburg war es, da überfielen die Raubritter die Wagen. Doch wie schrecklich war es für sie, als sie gefangen genommen wurden vom Ritter von Gabelkofen und seinen treuen Dienern.
Doch auf dem Weg nach Judenburg, auf dem Weg zum gerechten Urteil für die drei bösen Männer, sah der Ritter mit Entsetzen sein geliebtes Schloss in hellen Flammen stehen. Zu wenig Wasser führte die Pöls, der Brand tobte weiter.
Auf Knien bat der Ritter Gott um Hilfe. Da fiel ein gar reicher Regen zu Boden, der den Brand schnellstens zum Erliegen brachte.
Die drei Raubritter aber hatten die Gelegenheit zur Flucht benützt. Wohl auch den Wink des Allmächtigen verstehend, gelobten sie auf immer ehrlich zu bleiben.
Und so hatte der Ritter von Gabelkofen doch noch sein Ziel erreicht, alles hatte sich zum Guten gewendet.

DIE TÜRKENFAHNE ZUM LOHN

Mächtig war die Ringmauer, die die Stadt Hartberg zur Zeit der Türkeneinfälle umgab. Mächtiger war nur noch das Heer der angreifenden Türken im Jahre 1529.
Verzweifelt wehrten sich die Hartberger gegen den Ansturm des türkischen Heeres.
Keiner der Angriffe ließ auch nur einen Türken Hartberger Boden betreten. Dann aber kam der stärkste Sturm auf die Stadt, einer der Türken hatte bereits auf der gewaltigen Mauer Fuß gefasst.
Da, wie aus heiterm Himmel, traf ihn ein erschütternder Schuss. Die Siegesfahne entglitt seiner Hand, fiel über die Mauer in die Stadt. Er selbst landete unsanft im Burggraben.

Wer aber war der tapfere Held, der die Stadt vor den Türken bewahrt hatte? Ein tapferer Soldat? Ein stolzer Feldwebel?
Nein, ein Bäckersjunge war es gewesen, der nicht einmal mehr eine Kugel Blei in seiner Büchse gehabt hatte! Einen zerbrochenen Silberling hatte er geladen. Mit diesem setzte er zum entscheidenden Schuss an.
Für seine Tapferkeit lobten ihn die Stadtväter, gaben ihm reichlich Silbermünzen zum Lohn.
Der schönste Lohn aber war die Fahne des Feindes, die der Bäckersmann selbst im hohen Alter noch gerne betrachtete.

HASS UND BUSSE

Zur Zeit der Kreuzzüge war das alte Schloss Schieleiten wohl eines der schönsten im Land. Eingebettet in saftige Wiesen, ruhte es in seiner Pracht.
Doch das Schicksal meinte es nicht gut mit seinen Bewohnern. Dem alten Schlossherrn wurden zwei Söhne geboren. Im gleichen Maße liebte der Mann den älteren und den jüngeren. Doch vom Tag der Geburt des jüngeren Sohnes war der ältere hasserfüllt, wollte er den Zweitgeborenen verdrängen. Alle Liebe wollte nur er von seinen Eltern. Alle Besitztümer sollten ihm allein gehören, beschloss er als Jüngling.
Als der altersschwache Vater starb, begann nun ein erbitterter Kampf zwischen den Söhnen. So weit trieb der Hass den älteren, dass er Mordknechte beauftragte. Den jüngeren sollten sie für immer aus der Welt schaffen. Ein hoher Lohn winkte den gedungenen Mördern.

Eines Nachts überfielen sie den jüngeren Schlossherrn auf seinem Heimritt durch den dunklen Wald. Metzelten ihn nieder, verscharrten die Leiche, forderten ihren Lohn.
Es verging eine Zeit, in der der ältere Schlossherr seine uneingeschränkte Macht auslebte. Doch immer öfter fuhr er schweißgebadet aus dem Schlaf hoch, immer bedrückter wurde er. Die Schrecklichkeit seiner Tat ließ ihn nicht mehr zur Ruhe kommen.
Nun zogen eben zu dieser Zeit die Tempelritter heim von ihrer beschwerlichen Reise. Sie baten um Unterkunft – und erhielten das Schloss Schieleiten geschenkt. Der Schlossherr aber zog das rauhe, braune Büßergewand über. Begab sich am nächsten Morgen auf eine Pilgerfahrt ins Heilige Land. Zurückgekehrt ist er von dieser Reise niemals wieder...

DES SÜNDERS SCHWARZES LÄMMCHEN

In Saus und Braus zu leben gefiel einem Manne aus der Umgebung von Kapfenberg besser, als täglich zu Gott zu beten. Lieber durchzechte er die Nächte, umarmte die schönsten Frauen, ohne je einer Liebe zu schenken.
Doch dann kam der Tag, an dem er sich seiner Laster bewusst wurde. Die Reue folgte der Erkenntnis. Und so machte er sich im Jahre 1755 auf den Weg nach Rom. Denn von seinen Sünden konnte ihn nur einer befreien: der Papst.
Gütig und wohlmeinend segnete der Heilige Vater den Sünder. Um seine Sünden zu tilgen, sollte er ein schwarzes Lämmchen erstehen. Mit diesem müsste er nach Mariazell pilgern. In dem Augenblick, in dem das Fell des Tieres weiß werde, würden seine Sünden getilgt sein. Den Worten des Papstes folgend, wanderte der reuige Mann mit dem Lämmchen im Arm zur Muttergottes. Das Fell des Tieres veränderte seine Farbe trotz aller Gebete nicht. Mutlos geworden, machte sich der Mann auf den Heimweg. Erschöpft und müde gelangte er nach Siebenbrunn. Völlig entmutigt, kniete er nieder, begann hilflos zu weinen.
Mit jeder Träne, die auf das Fell des Lämmchens perlte, wurde ein Fleckchen nach dem anderen weiß. Glücklich trug der Mann das Tier heim, umsorgte es liebevoll und begann ein neues, ehrliches Leben.

DAS ENDE DER SPIELLEUTE

Weithin ist die stolze Burg heute noch zu sehen, Burg Rabenstein an der Mur. Steil fallen die Felsen unterhalb des Gemäuers hinab in die Mur. Stolz war der Ritter von Dietrichstein, dem diese Burg einst gehörte. Viel Freude brachten seine Feste den Gästen, die er gerne zu Gesellschaften in seinem prächtigen Rittersaal empfing. Zahlreich waren die Gäste, die eines herrlichen Abends die Burg besuchten. Spielleute hatte der Ritter bestellt. Die sollten für Frohsinn und Freude sorgen. Erhellt vom Vollmond, war der Saal prächtiger als durch alle Kerzen und Leuchter. Der Ritter von Dietrichstein geleitete die Spielleute in den Erker hoch über der Mur. Wie schön die Musik klang, wenn sie in den großen Saal ausströmte, wie gut sie jedes Ohr erreichte. Die Stimmung der Menschen war ein gute, ein fröhliche. Gelacht wurde, jeder erfreute sich an dem geglückten Abend. „Es ist ein Abend wie keiner zuvor", raunten sich die Gäste zu. Wirklich, es sollte ein Abend wie kein anderer sein. Denn mitten im fröhlichen

Treiben knirschte Gestein, krachten Felsen klatschend in die Mur. Die Musik verstummte blitzartig, anstelle des Erkers gähnte eine riesige Ausnehmung im Gemäuer der Burg. Die Spielleute hatte es in die Tiefe gerissen, die Wogen der Mur hatten sie verschlungen. Im Schein des Mondes sah man die prachtvollen Instrumente auf dem Wasser treiben... Schwermut erfasste den Ritter von Dietrichstein, der seinen Gästen doch nur Frohsinn hatte bieten wollen. Die Burg mochte er nicht mehr bewohnen. Und so verließ er sie, verbot jedem den Zutritt, ließ niemanden mehr an dieser Stätte wohnen. Nichts sollte mehr an Lebende erinnern.

DER FLUCH DES FISCHLEINS

Eine wunderschöne Stadt war es, die dort, wo heute die Teichalpe ist, sich einst ausbreitete. Eine Stadt mit allem, was Menschen zum Leben brauchten: schmucken Häusern, Handwerkern, die fleißig arbeiteten, ihre Ware anpriesen.

Selbst ein Markttag wurde abgehalten, an dem viele fremde Händler schönes Tuch, kräftige Tiere, Schmuck aus edlen Erzen feilboten. Weil die Bewohner der Stadt so fleißig arbeiteten, konnten sie manch prachtvolles Stück erwerben.

Wohlstand und Zufriedenheit herrschten in der Stadt. Respektvoll grüßten die Menschen einander, freundlich waren ihre Gesichter. Denn sie wussten, kein besseres Leben konnte es geben.

Aber die bösen Geister schliefen nicht. Planten schon lange den Untergang der Stadt. Beratschlagten, wie sie dem Glück ein Ende

bereiten könnten. Denn Glück erschien ihnen einfach unerträglich.
Eines Tages sandten sie ihren Boten aus.
Ein Goldfisch war es, der in dem klaren, sauberen Bächlein der Stadt auftauchte.
Staunend standen die Menschen an den Ufern, begafften das golden glänzende Tier. Hatten sie doch nie zuvor etwas gleich Schönes gesehen.
Wie gruselig erschien es ihnen, als das Fischlein zu sprechen begann: „Ihr glaubt, glücklich zu sein? Zufrieden seid ihr mit dem, was ihr habt? Was seid ihr für Zauderer, für Dummköpfe! Wo es doch einfacher ist, ohne Arbeit zu leben. Hinaus in die Welt zu ziehen, nur mehr zu genießen. Doch was soll's, ihr habt euch selbst zu Fleiß und Arbeit verurteilt. So müsst ihr eben euer schlichtes Leben weiterführen."
So sprach der Fisch, tauchte unter und verschwand.
Eine Weile standen die Menschen stumm, dann erhob sich Geraune: „Ob der Fisch die Wahrheit spricht? Wir sind doch glücklich, warum sollten wir anders leben?"
Doch schon widersprach einer. Und aus dem einen wurden viele. Die Arbeit ließen sie liegen, zuerst nur einige, dann alle.
Feiern, genießen, das schien erst das wahre Leben. Jede Nacht ein Trinkgelage, jeder Tag nur Muße, Schlaf. Das erst brachte Genuss. Den Pfarrer am Sonntag in der Kirche zu besuchen fiel keinem mehr ein. Und gar mancher Mann verließ seine Frau. Suchte sich ein hübsches Mädchen, zog mit ihm in die Ferne.
Glockengeläute zeigte das größte Fest an, das je in der Stadt gefeiert worden war. Das Fest des Müßigganges, das alle anderen übertreffen sollte.
Jäh wurde das Glockengeläute begleitet von tiefem orgelartigem Gebrüll, das anschwoll, den Ohren wehtat, die Menschen erschreckte. Ein brausender Sturm riss an den Bäumen, zerrte an den Häusern, trieb Sessel, Bänke, Tische munter hin und her.
Zu drehen begann sich der Sturm, deckte Häuser ab, lehrte das Vieh fliegen. Grässliches Donnergegroll setzte ein, Blitze zuckten vom Himmel. Die Menschen hatten keine Möglichkeit zu fliehen. Wurden niedergeschmettert von den riesigen, scharfen Hagelschloßen.
Das Werk der Zerstörung wütete, bis die Stadt und ihre Menschen ausgelöscht waren.
Dann beruhigte sich der drohende Himmel. Anstelle der Stadt aber breitete sich der Almboden der Teichalm aus. Nur ein kleiner Teich in der Mitte schimmerte hell, warf manchmal den Schimmer des goldenen Kreuzes der Kirche in die Augen des erstaunten Wanderers.
Ob es wohl an die Macht des Goldes erinnern will?

LEISE SCHRITTE IM SCHLOSS-PARK

Verwunschen wirkt er, der Schlosspark von Brunnsee. Mit seinem dichten Unterholz entlang des Sees, der bedeckt ist von tausenden winzigen Seerosen. Seerosen, die einzig für Regina und Wolf zu blühen scheinen. Den beiden Liebenden, die für immer Hand in Hand durch den Wald gehen werden, vor uns verborgen von den mächtigen Baumriesen. Nur ihre Schritte hören aufmerksame Ohren.
Als der alte Ritter von Burg Mureck einst heimkam aus dem Heiligen Land, begleitete ihn sein treuer Knappe Wolf. Zweimal hatte der Bursche seinem Herrn das Leben gerettet. Nun behandelte ihn der Ritter wie einen der Edelmänner. Doch seine Tochter Regina wollte er ihm nicht zur Frau geben. Zum Schwiegersohn mochte er nur einen Ritter sehen.
Gekränkt und verletzt verließ Wolf die Burg, ging nach Venedig. Den Ritter hatte das Glück verlassen, denn nicht nur der treue Knappe verabschiedete sich. Auch seine Frau starb. Eine junge, hübsche Frau nahm sich der Ritter. Diese aber hasste die bildschöne Regina, die traurig durch die Burg spazierte, nicht mehr lachen wollte.
Jahre vergingen, ein ungarischer Edelmann warb um das Burgfräulein. Schroff wies es ihn ab, keinen anderen als ihren geliebten Wolf wollte sie zum Mann. Da rief die junge Burgherrin böswillig: „Der Nächstbeste wird dein Mann. Du hast lange genug dein Spiel getrieben."

Von schlechtem Gewissen getrieben, bat der alternde Ritter Hans, den besten Freund des treuen Wolf, nach dem Verschwundenen zu suchen. Hans ging nach Venedig, suchte, fand aber keine Spur. Bis eines Tages Segelschiffe im Hafen landeten, heimgekehrt von einem siegreichen Kriegszug. Der stattlichste der Männer, reich geschmückt, ging von Bord. Wolf, den Hans so dringend gesucht hatte!
Bald war die traurige Geschichte der armen Regina erzählt. Noch schneller machte Wolf sich auf den Weg, heim zu der Frau, die ihren Platz noch immer in all seinen Gedanken hatte.
Freudig begrüßt vom Burgherrn, schloss Wolf seine Regina in die Arme, die Verlobung war ein herrliches Fest. Die Hochzeit wollte Wolf feiern, sobald er seiner Braut das schönste aller Schlösser gebaut hatte.
Und so entstand Schloss Brunnsee, liebevoll geplant, mit aller Liebe der Welt erbaut. Kaum war das prachtvolle Bauwerk fertig, wurde die Hochzeit gefeiert.
Regina ging als Letzte am Arm des Vaters hinter dem Hochzeitszug her. Voran der stattliche, reiche Mann, den sie über alles liebte.
Da entstand Aufruhr. Drei Reiter versperrten Wolf den Zutritt zur Kirche, forderten ihn zum Kampf auf. Der verschmähte ungarische Edelmann hatte dem Mann, der Regina zur Frau bekommen sollte, bittere Rache geschworen.
Ein schrecklicher Kampf begann, ein Kampf der drei Männer gegen den starken Wolf. Zwei der Männer hatte er unter dem Jubel der Menge bereits besiegt. Da traf ihn der schrecklicher Schwerthieb des Ungarn. Tot sank er zu Boden.
Den Hochzeitszug zum Grabe überlebte Regina nicht lange. Bald trugen die Männer des Burgherrn auch sie zur Gruft.
Doch tiefe, ehrliche Liebe überlebt den Tod. Im geheimnisvollen Park rund um das prächtige Schloss fanden die beiden Liebenden einander wieder. Nahmen einander an der Hand, schworen, sich nie wieder zu trennen.
Feine, helle Augen hören nicht nur ihre Schritte. Sie sind fähig, Regina und Wolf zu sehen. Besonders, wenn sie in ihren Herzen ebenfalls eine ehrliche Liebe tragen...

DER ZAUBERTRANK

Große Sorgen plagten einst die stolze Herrin des prachtvollen Schlosses Gleichenberg. So schön der Besitz hoch auf dem Felsen über der Klausenschlucht weit über das oststeirische Land hinausragte, so groß war ihr Kummer.
Konnte sie doch ihren Besitz nicht genießen, sie musste all ihre Liebe dem kranken Sohn schenken. Nicht und nicht gelang es der Schlossherrin, seinen Wangen etwas Farbe abzuringen. Immer schwächlich, immer kränklich war das Kind.
Lange Spaziergänge, die sie mit ihm unternahm, brachten keine Besserung. Eines Tages gar fiel die Frau mit dem Kind im Arm in tiefen, erschöpften Schlaf. Da schreckten sie die Häscher auf, die bösartig zeternd ein Zigeunerweib verfolgten, es dem Verhör zuführen wollten. Eine Hexe könnte diese Frau sein, eine, die dem Land Schaden brachte, Wetter machte.
Fürchterlich wuchs der Zorn der Schlossherrin, zornig befahl sie dem Vogt, dem Büttel, die Zigeunerin freizulassen. Dankbar küsste die Freigelassene die edle Frau. Flüsterte ihr leise ein Versprechen zu. Ein Krüglein frischen heilsamen Wassers wollte sie ab nun täglich an diesen Platz stellen. Das solle der Knabe trinken.
So geschah es. Das Kind wurde von Tag zu Tag gesünder, frischer. Eines Tages ließ sich die Zigeunerin kurz blicken, betrachtete die glückliche Mutter und das Kind.

Dankbar schenkte ihr die Schlossherrin eine wertvolle goldene Kette. Nie wieder sah ein Mensch die Zigeunerin im Bezirk Gleichenberg. Jahre später aber hatte der junge Herr von Trautmannsdorff gar harte Kämpfe gegen die aufständischen Bauern zu führen. Besiegt bettelten sie ihn, ihnen doch die abzunehmen, die an ihrem Unglück, der schlechten Ernte, den Unwettern schuld gewesen sei.
In Ketten gefesselt, schleppten sie eine alte Zigeunerin herbei. Bespuckten sie, frevelten ihrer. Ungläubig schaute der Schlossherr in ihr Gesicht, nahm die goldene Kette an ihrem Hals in die Hand.
Verwunderung breitete sich aus, als er vor der Zigeunerin auf die Knie fiel, ihr für sein Leben dankte. Beide Arme breitete er aus, trug die Schwache darauf zu einem von ihr bestimmten Ort: der Quelle seines Lebens, die heute noch Heilung versprechend fröhlich aus dem Fels gluckert.
Denn hier, so bat die Alte, wollte sie sterben.

ZUM GEDENKEN AN EINE LIEBE

Groß war die Liebe eines ungarischen Grafen zu seiner Frau. Und sie erwiderte sein ehrliches, liebevolles Gefühl aus ganzem Herzen. Keinen Tag ihres Lebens wollten sie einander missen.

Doch das Schicksal hatte es anders gewollt. Denn brandschatzende Feinde überfielen einst die Güter des Grafen in Ungarn. Um seine heißgeliebte Frau zu schützen, flüchtete er mit ihr aus seiner Heimat in die Steiermark. Die Riegersburg war sein Ziel, jene Burg, die Sicherheit bieten konnte.

Dort hatte er die Gräfin den wohlwollenden Burgbesitzern zum Schutz empfohlen.

Er aber kehrte zurück in seine Heimat, vertrieb in fürchterlichen Kämpfen die Feinde, gewann sein Gut zurück.

Voll der Vorfreude auf das Wiedersehen mit seiner innigst geliebten Frau durchritt er das liebliche Rittscheintal, wollte möglichst bald die Riegersburg erreichen.

Von innerer Unruhe und der Sehnsucht, den Gatten bald wieder zusehen, getrieben, machte sich die Gräfin dort zur gleichen Zeit zum Aufbruch bereit. Begleitet von treuen Knappen, erreichte sie das Rittscheintal, sicher, den geliebten Mann dort zu finden.

Söchau kam näher, war bereits im Blickfeld, da sah sie das Banner ihres Mannes in der Sonne gleißen. Dem Pferd die Sporen gebend, ritt sie ihm voll Glück entgegen.

Ihm in die Arme fallend, gelobte sie, hier eine Kirche zur Erinnerung an das Wiedersehen errichten zu lassen.

Selig, die Gattin unbeschadet wieder zu haben, erfüllte der Graf ihre Bitte. Bald zeigte sich die Kirche St. Veit den Augen der Gläubigen. Und erinnert noch heute jeden, der die Ortschaft besucht, an die Macht und die Kraft der Liebe. Einer Liebe, die hier über Gefahr und Angst gesiegt hatte.

DER SCHWUR DES FREMDEN

In jenen Zeiten, als reiche Kaufleute durch das Land zogen, war es, als Hans Fritz in Graz auftauchte. Selbst ein stattlicher, betuchter Mann, wollte er bis zur Stadt Wien ziehen. Seinen Reichtum konnte er dort noch vergrößern, dessen war er sich sicher.
In die Schmiedgasse zu Graz zog er, um im Gasthaus „Zum Hasen" Quartier zu nehmen. Doch bereits in der ersten Nacht befiel ihn eine unheimliche Krankheit, Fieber schüttelte ihn. Die Wirtsleute ließen den Bader kommen, der den Gast zur Ader ließ. Kräuter, Tees und Wickel verschrieb er dem Kranken.
Liebevoll betreute die Tochter der Wirtsleute den Fremden. Wie dankbar war Hans, als er schon bald gesund seine Reise nach Wien fortsetzen konnte.
Aber bald kehrte er zurück in die Schmiedgasse. Die Wirtstochter wollte er zur Frau, hatte sie ihm doch alle Liebe gezeigt, die möglich war. Glücklich lebten die beiden jahrelang zufrieden vom Handel des Hans Fritz.
Doch das Schicksal meinte es nicht gut mit ihnen. Heimtückisch

schlug eine unheilbare Krankheit die Frau nieder, sie starb.
Weil Hans Fritz die Stadt lieben gelernt hatte, blieb er trotz des Todes seiner geliebten Gattin. Fand nach einer guten Weile Trost bei Rosine. Sie wollte ihm nach bester Möglichkeit die treue Frau sein, die ihm fehlte.
Einen Sohn gebar sie dem Hans, doch selbst war sie zu schwach, um gesund zu werden. Drei Tage lang betete Hans um das Leben seiner Rosine. Schwor vor der Marienstatue, Gott mit einer großzügigen Spende zu danken, wenn er sie noch nicht zu sich holte.
Eine Kirche zu Ehren der Mutter Gottes wollte er bauen lassen. An der Stelle, an die sein Sohn einst einen Stein schleudern könnte. Wenn er kräftig, genährt von der Mutter, aufgewachsen sein sollte.
Rosine erholte sich endlich, war voll des Lebens. Glücklich beobachteten Hans und Rosine den fröhlichen Buben, der heranwuchs im Schutz der liebevollen Eltern.
Endlich erschien der Bub dem Vater groß genug, um den Schwur erfüllen zu können.
Bei einem Spaziergang drückte Hans dem Buben einen Stein in die kleine Hand, befahl ihm, diesen zu werfen.
Mariagrün, die Kirche, die heute noch jene Marienstatue und das Bild der Eheleute Fritz birgt, wurde von den Geldern des Hans Fritz erbaut. Denn Geld und Gut erschienen ihm nichtig gegen das Glück, das er mit seiner kleinen Familie gefunden hatte.

ZEICHEN DER DANKBARKEIT

Schwer war die Erkrankung, die einst den Markgraf Wladislaw von Mähren erfasste. Auch seine Gattin Agnes wurde von der tückischen Seuche befallen. Verzweifelt beteten die Untertanen um das Leben der gräflichen Familie. Nichts vermochte die beiden aus ihrem Dämmerschlaf zu holen.
Eines Morgens jedoch sprach die Gräfin völlig klar von einem Traum zu ihrem Gatten. Wie verwundert waren beide, als sie bemerkten, dass die gleichen Bilder im Schlaf durch ihren Geist gezogen waren.
Eine helle Frauenfigur war es gewesen, die ihnen den wichtigen Rat gegeben hatte. Den Rat an die Jungfrau Maria und ihre Hilfe zu glauben, sie um Unterstützung zu bitten. Ein Gelübde sollten sie ablegen, das Gelübde, die kleine unscheinbare Kirche zu Mariazell zu vergrößern und zu verschönern, wenn sie sich wieder voller Gesundheit erfreuen sollten.
Dem Wink der höheren Macht folgend, gelobten die Eheleute einander und vor Gott, Mariazell zu einer prächtigen Kirche auszugestalten, wenn sie gemeinsam ihre Reise antreten könnten.

Bald schon besserte sich ihrer beider Gesundheitszustand, langsam erfreuten sie sich wieder am Gesang der Vögel im Schlossgarten, am Grünen und Blühen der Bäume und Blumen. An Tod und das Sterben dachten sie nicht mehr.
Das Gelübde wollten sie erfüllen, die Reise traten sie völlig frisch und gesund an.
Lange dauerte es, bis sie in die Obersteiermark kamen. Doch nirgends fanden sie in der unfreundlichen, steinüberzogenen Gegend die kleine Kapelle, von der ihre Traumgestalt gesprochen hatte.
Verzweifelt suchten Wladislaw und Agnes, übernachteten in einem unscheinbaren Gasthof. Da erschien ihnen Hilfe. Es war der heilige Wenzeslaus selbst, der ihnen den Weg zeigte, den sie zu gehen hatten.
Am Ziel angelangt, erwartete sie das wundertätige Marienbild, aufgestellt in einer schlichten, hölzernen Kapelle. Ihrem Gelübde zufolge ließ Wladislaw eine schöne, steinerne Kapelle errichten. Hier sollte Maria einen sicheren Platz finden, um noch viele Menschen von ihren Leiden zu befreien.

DER SCHUTZ DER JUNGFRAU

Im Jahr 1529 war es. Da zogen die Türken gegen Wien. Nicht direkt führte ihr Weg sie zur Stadt. Hatten sie doch vom Reichtum der Kirche in Mariazell erfahren. Den wollten sie sich nicht entgehen lassen. So gelangten sie bis zur Mariensäule. Voll heidnischem Zorn über das lichte Gebilde stürzte sich der Anführer der Türken auf das Standbild. Prallte mit aller Kraft dagegen. Nicht einmal das kleinste Zittern bewirkte er. Streng sah ihn die heilige Jungfrau an. Noch einmal warf sich der zornige Türke gegen die Säule, wieder hielt sie dem Ansturm statt. Auch der dritte Versuch blieb erfolgslos. Die Säule stürzte nicht um. Der Türke aber fiel wie geblendet vom Pferd. Konnte sich kaum bewegen, starrte die anderen aus fiebernden Augen an. Reißaus nahm die verängstigte Vorhut der Türken, konnte jedoch die Nachhut nicht vom Geschehenen überzeugen. Nein, mit Brand und der Absicht, die Häuser und die Menschen zu vernichten, kam die Türkenschar nach Mariazell. Beschossen die Häuser mit Pechpfeilen, setzten sie in

Brand. Der Weg zur Kirche schien frei. Schon verglühten die ersten Brandpfeile auf dem Kirchendach, schon war der Erfolg nahe. Aber das Kirchendach blieb unbeschädigt, fing nicht einmal einen geringen Funken. Wutentbrannt ritten die Türken Richtung Neuwald, entschlossen, einen weiteren Angriff zu wagen. Doch eine riesige Schar von Gläubigen erwartete sie im Wald, metzelte voll Zorn über die Schmähung von Mariensäule und Kirche jeden Einzelnen der Türken nieder.
Mariazell war frei. Dank des Schutzes der Jungfrau Maria, der heute noch über dem Wallfahrtsort liegt, der den Gläubigen bis zum heutigen Tag Mut und Stärke gibt.

DAS VERLOBUNGSKREUZ AM STODERZINKEN

Schon lange hatte der Hermann um die Bärbel geworben. Doch immer wieder wehrte das stolze Mädel ihn ab. Doch was sich der Hermann in den Kopf gesetzt hatte, wollte er auch erreichen.
Und so machte er einen letzten Versuch. „Kommst mit mir hinauf zum Stoderzinken?", fragte er die blonde Barbara eines Tages. „Ich hole dir die schönsten Blumen von den Felsen, das versprech ich dir." Ja, und plötzlich willigte das Mädchen ein.
Früh am Morgen pfiff Hermann vor ihrem Fenster. Im Rucksack die Brotzeit, den Wetterfleck, den Wanderstock in der Hand. „Lieb siehst du aus", lächelte er strahlend. „Viel schöner als die Sonn', obwohl die beim Aufgehen am schönsten ist."
Kräftig schritten die beiden aus, langsam verfielen sie in Gleichschritt. Der Gipfel war zum Greifen nahe. Plötzlich verfinsterte sich der

Himmel. Mächtige Wolken krönten den Berg. Grelle Blitze durchzuckten den Himmel. Die Donner rollten und brachen sich an den Felsen.
Unter einem Felsen fanden die beiden Schutz. Liebevoll hängte der Hermann dem Mädchen den Wetterfleck um. Fragte sie leise: „Glaubst jetzt noch immer nicht, dass wir zusammengehören?" „Doch", sagte die Bärbel. Und trotz des fürchterlichen Wetters war dem Hermann warm.
Weil das die schönste Stunde seines Lebens war, ließ er zum Dank an dieser Stelle ein Kreuz errichten. Wer weiß, vielleicht hat dort schon mancher anderer das Glück gefunden.

ENDE